AF483019

UN FILS,

DRAME EN TROIS ACTES ET EN PROSE,

PRÉCÉDÉ DE

L'AUBERGE DES TROIS-OLIVIERS,

PROLOGUE EN UN ACTE,

PAR

M. MONTIGNY;

Représenté pour la première fois, à Paris, sur le théâtre de l'Ambigu-Comique, le 20 octobre 1835.

L'AUBERGE DES TROIS-OLIVIERS,

PROLOGUE.

DISTRIBUTION DU PROLOGUE :

Jacques RAIMBAULT, manufacturier (quarante ans). M. Montigny.
Adrien DE LESTRELLES (trente ans)............. M. Saint-Ernest.
Gaëtan DE CASTELLANE, son ami, colonel de l'ex-Garde (trente ans)...................... M. Cullier.
Jean FLÉE, brigand du midi.................... M. Salvador.

Trois Acolytes de Flée........................ { M. Léopold.
{ M. Couleau.
{ M. Coste.

Mère POTEL, aubergiste.................... Mme Desprez.

La scène se passe en octobre 1815, à l'auberge des Trois-Oliviers, sur la route de Lyon à Avignon.

Une salle commune aux voyageurs dans une auberge sur la route de Lyon à Avignon. Portes latérales; au fond, la porte d'entrée.

SCÈNE I.

ADRIEN, Mère POTEL.

ADRIEN.

Je vous répète, ma chère hôtesse, que c'est une chose arrêtée... cette nuit même, je vous débarrasse de ma gênante personne; je me dirige sur Avignon... de là sur Toulon... de là, ma foi, où je pourrai. . et comme je pourrai; ce qu'il y a de bien sûr, c'est que le soleil de demain ne me retrouvera pas à l'auberge des *Trois-Oliviers*.

MÈRE POTEL.

Non pas, je pense, que vous ayez à vous plaindre de la propriétaire?

ADRIEN.

Me plaindre de vous!... Il y aurait de ma part ingratitude. (Il lui prend la main affectueusement.) J'ignore quel avenir le ciel me réserve, mais nulle part, et en aucun temps, je ne perdrai le souvenir de cette terrible année, de cette année 1815, de ce qu'elle nous apporte de désappointements cruels, de cruelles persécutions à nous autres Français, de la part de gens qui se disent Français comme nous; nulle part je n'oublierai non plus qu'à cette malheureuse époque, une femme s'est trouvée, et cette femme-là c'est vous, à la porte de laquelle je suis venu frapper et qui m'a ouvert sa porte, sans même me demander mon nom, parcequ'elle

devinait que mon nom pouvait être un nom de
proscrit.

MÈRE POTEL.

Au fait, que vous vous appeliez Pierre ou
Jean, que vous soyez un bonapartiste, un brigand de la Loire, comme ils disent... est-ce que
ça me regarde? Je ne suis pas préfet de police,
je suis cabaretière; à ceux qui se présentent ici,
je ne demande pas : Êtes-vous blanc, êtes-vous
noir, qu'est-ce que vous pensez? mais tout
bonnement : Avez-vous faim, avez-vous soif?
qu'est-ce que vous voulez boire ou manger? *Aux
Trois-Oliviers*, mère Potel loge à pied et à
cheval, alimente et rafraîchit tous les goûts et
tous les partis... Voilà mon opinion politique.

ADRIEN.

Vous oubliez, ma chère hôtesse, que vous
vous mêlez quelquefois d'avoir une opinion...
c'est quand l'occasion se présente de sauver un
malheureux.

MÈRE POTEL.

Ah! parcequ'une ou deux fois je vous ai averti
du passage de Jean Flée et d'une demi-douzaine
de mauvais drôles comme lui?... ces gredins qui
courent le pays, la cocarde blanche à leur chapeau et le pistolet au poing... pour faire ce qu'ils
nomment leurs *épurations*, ce que j'appelle,
moi, leurs assassinats.

ADRIEN.

Si je n'ai pas été leur victime, c'est grâce à
vous.

MÈRE POTEL.

Allons donc, beau mérite!... empêcher le
mal de se faire, c'est pas une opinion politique,
c'est un besoin de nature.

ADRIEN.

Excellente femme!... Et depuis hier, rien de
nouveau, aucun message?...

MÈRE POTEL.

Pour monsieur Adrien?... aucun.

ADRIEN, à part.

Pourtant j'ai écrit par une voie sûre... partir
sans avoir reçu de nouvelles de mon enfant...
sans un souvenir d'elle!...

MÈRE POTEL.

Ce que j'ai vu de plus neuf, depuis hier, c'est
le visage d'un voyageur, qui a passé la nuit ici...

ADRIEN, vivement.

Savez-vous ce qu'il est?

MÈRE POTEL.

Un militaire, je crois.

ADRIEN.

Jeune... vieux?...

MÈRE POTEL.

Votre âge à-peu-près.

ADRIEN.

Pensez-vous qu'il faille s'en défier?

MÈRE POTEL.

Ma foi non... figure d'honnête homme...
après ça, au jour d'aujourd'hui les figures sont
bien trompeuses... Tiens! justement, c'est lui.

LES MÊMES, CASTELLANE.

(Il sort de la chambre à droite.)

CASTELLANE, appelant.

L'hôtesse... la fille... quelqu'un!... (Apercevant
Adrien.) Que vois-je, Adrien!...

ADRIEN.

Gaëtan!... mon ami!...

(Ils s'embrassent.)

MÈRE POTEL, à Adrien, montrant Castellane.

Il paraît que l'on peut se fier à la figure de
monsieur?...

ADRIEN.

Comme à sa loyauté... Le colonel Gaëtan de
Castellane, mon meilleur ami, mon frère!...

MÈRE POTEL.

Enchantée de vous laisser en pays de connaissance; en cas d'alerte... je viendrai vous
déranger.

(Elle sort par le fond.)

SCÈNE III.

ADRIEN, CASTELLANE.

CASTELLANE.

Mon cher Adrien!... c'est toi... après deux
ans passés, non seulement sans te voir, mais
sans recevoir de tes nouvelles!

ADRIEN.

Et par quel heureux hasard en ces lieux?

CASTELLANE.

En ces lieux par deux raisons : la première,
c'est qu'il faut bien être quelque part; la se-
conde, c'est qu'à l'époque où nous sommes,
pour qui ne veut pas mourir en France de regrets, de honte, ou d'ennui, la meilleure, la
seule chose à faire c'est de n'y pas rester.

ADRIEN.

Et pourtant je t'y trouve.

CASTELLANE.

Pas pour long-temps, je te jure... des che-
vaux jusqu'à Toulon, là un navire bon voilier
qui me prenne à son bord et me mène où il
plaira au vent de le pousser... et je dis adieu à
la France, à cette France chérie, toute hérissée
de Cosaques, toute reluisante de baïonnettes
anglo-prussiennes!... Si c'est là ce qu'il faut
appeler la patrie, Gaëtan de Castellane, colonel des lanciers de l'ex-Garde, n'a plus de patrie!... Je me ferai, s'il le faut, Patagon, Sa-
moïède, ou Osage... J'aime mieux ça.

ADRIEN.

D'autant plus qu'à toi, comme aux autres,
la toute paternelle restauration ne laisse guère
le choix qu'entre deux choses, être assassiné
par ses chouans, ou jugé par ses cours prévô-
tales...

CASTELLANE.

Mais non, mais non.. ils ont été vraiment fort aimables avec moi... en ma qualité de noble, porteur de ce qu'ils appellent un beau nom, parceque ce nom est vieux, ou s'est cru obligé de me *rallier,* comme ils disent; on m'a accablé d'avances, d'offres toutes brillantes; je me suis trouvé un tas de protecteurs et d'amis intimes que je n'avais jamais vus : on m'a offert un régiment, la conservation de mon grade, et l'espoir de passer prochainement général...

ADRIEN.

Et tu as répondu?...

CASTELLANE.

Qu'être général sous le maréchal de France lord Wellington... ça ne pouvait pas m'aller.

ADRIEN.

Ainsi tu as tout refusé?

CASTELLANE.

Tout? non pas. Comme mes amis intimes voulaient à toute force faire quelque chose pour moi, j'ai fini par dire que j'accepterais...

ADRIEN.

Quoi?

CASTELLANE.

Un passe-port qui me mettrait à même de leur tirer ma révérence dans le plus bref délai. Le jour même, le tout a été signé, contre-signé, paraphé, avec accompagnement de certificat de bonnes mœurs, recommandations aux autorités civiles et militaires... Si bien que de Paris à Lyon, mon voyage n'a été qu'une promenade triomphale, à travers les salutations et les coups de chapeau de la gendarmerie royale.

ADRIEN.

Et tu quittes la France sans regrets?

CASTELLANE.

Des regrets... je n'en avais qu'un, celui de partir sans t'embrasser.

ADRIEN.

Cher Gaëtan!.. tu pensais à moi!

CASTELLANE.

C'est tout simple; avant de partir j'avais un service d'ami à demander... un dépôt que je ne voulais confier qu'à un autre moi-même, à un frère... à qui crois-tu que je me suis adressé pour cela?... à toi.

ADRIEN.

A moi!... C'est la première nouvelle...

CASTELLANE.

Je n'avais pas besoin de t'en parler. Est-ce que d'avance je n'étais pas sûr de ton consentement?

ADRIEN.

Ma vie, ma fortune, tout ce que j'ai t'appartient... que veux-tu de moi?

CASTELLANE.

Je me suis dit : « Je quitte la France pour n'y revenir jamais peut-être... Ma fille, ma petite Luidgina, à peine âgée de quatre ans, ne peut me suivre : je la confie, en partant, aux

soins de personnes dévouées et sûres : mais la pauvre enfant n'a jamais connu, ne connaîtra jamais sa mère; moi, son père, qui sait si je dois la revoir?... en cas de malheur, un seul homme peut me remplacer auprès d'elle : si je ne reviens pas, il faut qu'Adrien serve de père à Luidgina. »

ADRIEN.

Tu as pensé tout cela?... merci!

CASTELLANE.

Et la veille même de mon départ, a été déposé chez mon notaire l'acte qui, en cas de mort de Gaëtan de Castellane, déclare Adrien De Lestrelles, tuteur de Luidgina Castellane.

ADRIEN.

Gaëtan, je t'écoute avec bonheur, avec reconnaissance... tu n'as pas trop présumé du cœur de ton ami; mais sais-tu qu'en ce moment ton ami n'est plus, comme toi, qu'un malheureux sans patrie... qu'un Français qui va quitter la France!...

CASTELLANE.

Toi aussi?

ADRIEN.

Je ne suis pas un brave de la grande armée, c'est vrai; mais, ancien préfet de l'empire, j'avais, tout comme un vieux soldat, des droits à la persécution... et ces droits-là, je dois l'avouer, on s'est empressé de les reconnaître : dénoncé, accusé de bonapartisme, forcé de fuir, de me cacher, de fuir encore, traqué comme une bête fauve, comme un malfaiteur... depuis trois mois, voilà ma vie!

CASTELLANE.

Et c'est dans le Midi que tu viens chercher un refuge?

ADRIEN.

Un refuge?... c'est hors de France seulement que je le trouverai : mais, avant de partir, un motif sacré m'appelait à Lyon : Gaëtan, tu m'as parlé de ta fille dont il faut te séparer... Eh bien, à Lyon, je laisse un enfant qu'il m'est défendu d'appeler mon fils; une femme... dont il m'est interdit de prononcer le nom autre part que dans mon cœur. J'ai voulu, sinon la revoir, du moins recevoir d'elle un dernier adieu; j'ai écrit... et, depuis huit jours, n'osant espérer sa présence, j'attendais une lettre qui me dit : « Ton fils grandit en force et en beauté; « sa mère fait des vœux pour ton bonheur; elle « instruira son fils à prier pour ceux qui s'exi- « lent. » Mais aujourd'hui expire le délai que j'avais fixé, et pas de lettre, rien!... et ce soir il faut que je parte!...

CASTELLANE.

Mais qui te presse tant?

ADRIEN.

D'un instant à l'autre, je puis être arrêté.

CASTELLANE.

Arrêté!... mais tu as pris quelques précautions?... tes papiers?...

ADRIEN.

Je n'en ai pas.

CASTELLANE.

Ton passe-port?

ADRIEN.

En donne-t-on à ceux qu'on veut tuer?

CASTELLANE.

Mais tu ne peux partir ainsi!... supposé que tu arrives à Toulon... tu n'en sortiras pas; on t'arrêtera.

ADRIEN.

Ce que je risquerai là-bas, je le risque ici.

CASTELLANE.

Belle raison!... mais il faut que tu partes sans rien risquer.

ADRIEN.

Et le moyen?

CASTELLANE.

Est tout simple : tu ne peux sans danger rester en France, rien ne me force de partir. Nous sommes du même âge; même taille à-peu-près; j'ai des papiers, tu n'en as pas! Prends mon portefeuille et pars, j'attendrai.... quelques jours seulement, et je t'aurai bientôt rejoint.

ADRIEN.

Mais?...

CASTELLANE.

Pas de *mais*!... il n'y a pas un mot à répondre... prends et ne me remercie pas.

ADRIEN.

Cependant... je ne veux pas que tu t'exposes...

CASTELLANE.

A quoi?... je te dis que tous les gendarmes du monde me saluent à l'avance... c'est devenu une consigne.

SCÈNE IV.

LES MÊMES, MÈRE POTEL.

MÈRE POTEL, effarée.

Alerte! messieurs... trois ou quatre hommes de mauvaise mine sont sur mes talons... je me trompe bien si Jean Flée n'est pas parmi eux.

ADRIEN.

Des brigands!... Garde tes papiers.

CASTELLANE.

Je te dis que je n'ai rien à craindre... ces papiers sont les tiens!

ADRIEN, les repoussant.

Non, non... je n'en veux pas!...

(Il se sauve dans sa chambre.)

CASTELLANE, le suivant.

Adrien... mon ami... sois raisonnable... ou je me livre avec toi.

SCÈNE V.

MÈRE POTEL, JEAN FLÉE, TROIS BRIGANDS.

(Jean Flée et ses compagnons sont armés de carabines et de pistolets : ils portent au bras et au chapeau de larges écharpes blanches, etc., etc.)

FLÉE, sur le seuil de la porte.

Vivent le Roi et les Blancs, mort aux buonapartistes!...

LES TROIS AUTRES.

Ainsi soit-il.

FLÉE, en regardant la mère Potel qui n'a rien dit.

Je n'ai pas entendu répondre tout le monde... Faut-il que j'apprenne aux muets à servir la messe? Veux-tu que je t'envoie deux balles dans le ventre pour t'en tirer un *Amen....* païenne?...

MÈRE POTEL.

Messieurs, je fais ma prière le matin, en me levant... Qu'est-ce qu'il faut vous servir?

FLÉE, s'attablant.

A boire... et du bon... c'est pour des vrais défenseurs de l'autel et du trône.

(Les trois autres s'asseyent. Mère Potel sort un moment, et rentre apportant du vin.)

PREMIER ACOLYTE.

V'là une gueuse de cabaretière qui ne me revient guère.

DEUXIÈME ACOLYTE.

C'est selon... Voyons d'abord si son vin est bon.

PREMIER ACOLYTE.

Du bon vin, ça ne suffit pas : faut un dévouement pur.

DEUXIÈME ACOLYTE.

Et une boisson pas frelatée.

FLÉE.

Silence. . voilà la prévenue... je vas interroger son moral...

DEUXIÈME ACOLYTE.

Et moi, juger son liquide.

FLÉE, à mère Potel, qui vient de rentrer, et tout en versant à boire.

Il n'y a personne de suspect ici?

MÈRE POTEL.

Je ne sais pas...

FLÉE.

Comment!... tu ne sais pas...

MÈRE POTEL.

Dam! je ne demande pas à tous ceux qui entrent ici : « êtes-vous suspect? » Tout-à-l'heure quand vous êtes entrés... est-ce que je vous ai demandé...

FLÉE.

C'est égal!... une cabaretière répond de tous ceux qui sont chez elle.

MÈRE POTEL, à part.

Voyez-vous ça... v'là que je réponds de ces quatre sacripants-là!

SCÈNE VI.

LES MÊMES, RAIMBAULT.

(A peine entré, il s'arrête, et examine avec beaucoup d'attention tous ceux qui se trouvent là.)

FLÉE, à mère Potel.

Quel est cet homme?

MÈRE POTEL.

Je ne le connais pas.

RAIMBAULT, à part.

Ce n'est aucun de ces gens-là. Pourtant c'est bien ici.

FLÉE.

Hé! l'homme... que demandez-vous?

RAIMBAULT.

Êtes-vous le maître ici?

FLÉE.

Le maître?... c'est possible; quant à la propriétaire, (indiquant mère Potel.) la voilà.

RAIMBAULT.

C'est à la propriétaire que je veux parler d'abord.

FLÉE, bas aux siens.

V'là un gaillard qui a la langue ben d'àplomb... ça ne serait-il pas notre buonapartiste?

PREMIER ACOLYTE.

Adrien?... Le signalement dit âgé de trente ans... celui-là en a au moins quarante.

DEUXIÈME ACOLYTE.

C'est juste... buvons.

FLÉE.

C'est égal... c'est pas là un voyageur ordinaire... écoutons.

RAIMBAULT, à mère Potel.

De Lyon à Avignon, votre auberge est la seule qui porte pour enseigne *Aux Trois-Oliviers?*

MÈRE POTEL.

La seule.

RAIMBAULT.

Alors vous devez avoir ici un voyageur nommé Adrien?

FLÉE, bas.

Adrien!... il sait qu'Adrien... J'y suis... c'est de la police d'en haut.

RAIMBAULT.

Vous ne répondez pas?...

MÈRE POTEL.

Monsieur... je ne sais... je ne connais pas... (A part.) Je me défie de cet homme-là, moi. (Haut.) Je n'ai pas encore vu...

RAIMBAULT.

J'attendrai.

(Il s'assied à une table.)

MÈRE POTEL, à part.

Prévenons M. Adrien. (Haut.) Si monsieur a besoin de quelque chose...

RAIMBAULT.

J'appellerai...

MÈRE POTEL, à part.

C'est un mouchard.

(Elle sort par le fond.)

SCÈNE VII.

LES MÊMES, excepté MÈRE POTEL.

FLÉE, s'approchant de Raimbault.

Vous cherchez Adrien De Lestrelles?

RAIMBAULT.

Je ne le cherche pas, je l'attends...

FLÉE.

Et s'il ne vient pas?...

RAIMBAULT.

Il viendra.

FLÉE.

Ah!... vous êtes sûr?... tant mieux... nous le cherchons aussi.

RAIMBAULT.

Que lui voulez-vous?...

FLÉE.

Ce que probablement vous lui voulez aussi.

RAIMBAULT.

Le tuer?

FLÉE.

Nous sommes payés pour ça. La tête d'un buonapartiste... ça vaut cinquante écus.

RAIMBAULT.

Voulez-vous en gagner le triple?

FLÉE.

Que faut-il pour cela?...

RAIMBAULT.

Me laisser terminer cette affaire tout seul.

FLÉE.

Mais... qui me répondra...

RAIMBAULT.

Du paiement?... voici la moitié d'avance.

FLÉE, prenant l'or.

Bon... mais la besogne?...

RAIMBAULT.

Je ne sors pas d'ici. Vous, ne quittez pas les environs de cette maison : avant une heure, tout sera terminé.

FLÉE.

Tout?... et le reste de la somme?...

RAIMBAULT.

Vous sera compté.

FLÉE.

Convenu... entre gens d'honneur comme vous et moi... la parole vaut le fait... (Aux siens.) et puis nous ne le perdrons pas de vue.

(Tous quatre sortent par le fond.)

SCÈNE VIII.

RAIMBAULT, seul.

Oh! oui... il viendra... il l'a promis... et vous
ne voudrez pas, mon Dieu, qu'il m'échappe!
(Il tire de son sein un papier :) Relisons sa lettre...
que le hasard a fait tomber en mes mains :
« Élisabeth, je vais partir pour toujours peut-
« être! refuserez-vous de me revoir une fois,
« après une séparation de plus de cinq an-
« nées?... » Cinq ans!... c'est l'âge d'Eugène...
fatale époque! celle du voyage que je fus obligé
de faire à Londres un an après mon mariage.
(Il lit.) « Le souvenir d'une faute... dont je fus
« seul coupable... me vaut-il aujourd'hui votre
« haine? ne permettrez-vous pas que je con-
« naisse au moins, que j'embrasse une fois cet
« enfant qu'un autre appelle son fils, mais à
« qui j'ai seul le droit de donner ce nom? »
Seul!... et celui qui, pendant cinq ans, lui a
prodigué les soins et l'amour d'un père!... Ses
droits ne sont rien à celui-là!... dérision!...
(Il recommence à lire :) « Jusqu'à mercredi soir,
« 20 octobre, à l'auberge des *Trois-Oliviers*,
« route d'Avignon, j'attendrai... vous... ou un
« mot de vous... Adrien. » Oh! cet homme...
cet Adrien... dont jamais sans doute mes yeux
n'ont rencontré le visage... me suffira-t-il de
ma haine pour le reconnaître?... Oui!... comme
il me suffira de l'avoir vu, pour le tuer.

SCÈNE IX.

RAIMBAULT, CASTELLANE.

CASTELLANE, à part.

Ah! voilà notre homme... Au fait il a un air
respectable dont je me défie... il n'y a rien de
traître comme les figures respectables. Heureusement nos mesures sont prises, et quand on
devrait m'arrêter... ça ne sera pas pour long-
temps. (Haut.) Monsieur...

RAIMBAULT, se levant.

Monsieur...

CASTELLANE.

Vous demandez M. Adrien?...

RAIMBAULT. à part.

C'est lui! (Haut.) Oui.

CASTELLANE.

Peut-on savoir ce que vous lui voulez?

RAIMBAULT.

Il peut le savoir, lui... lui seul.

CASTELLANE.

Ah!... lui seul (A part.) C'est bien cela. (Haut.)
Eh bien, monsieur, il vous écoute.

RAIMBAULT, à part.

Je ne me suis pas trompé. (Haut.) Monsieur...
je suis chargé d'une lettre...
(Il la lui présente.)

CASTELLANE, étonné.

Une lettre?... pour monsieur Adrien?...

RAIMBAULT.

N'en attend-il pas une aujourd'hui?...

CASTELLANE.

Aujourd'hui? en effet, je crois que vous avez
raison... (A part.) La lettre de Lyon... mais ça
n'est plus ça du tout.

RAIMBAULT.

Lisez donc.

CASTELLANE, à part.

Lire... je ne sais trop si je dois... ma position
est fort délicate.

RAIMBAULT, la reprenant très gravement.

Vous hésitez? Je vous la lirai moi-même.

CASTELLANE.

Mais...

RAIMBAULT.

Ça sera bientôt fait... deux lignes... et puis
la lettre n'est pas cachetée...
(Il l'a ouverte.)

CASTELLANE.

Mais, monsieur, je ne permets pas...

RAIMBAULT, lisant.

« Monsieur Adrien, vous êtes un misérable;
je desire « que vous ne soyez pas un lâche. »
(Lui montrant le papier ouvert.) C'est tout.

CASTELLANE.

Qui a écrit cette lettre?

RAIMBAULT.

Supposez que ce soit moi.

CASTELLANE.

Toi! et qui donc es-tu?

RAIMBAULT, les dents serrées par la rage.

Qui je suis?... tu as entendu ce que dit cette lettre... et cette lettre, c'est moi qui l'ai écrite... et tu
demandes qui je suis!... mais je suis celui qui a
tracé ces mots: « Adrien, vous êtes un misérable. » Entends-tu?... je suis cet homme-là!... n'est-
ce donc pas assez pour que tu prennes ma vie ou
que j'aie la tienne?... dis... que faut-il de plus?

CASTELLANE.

Assez... monsieur, assez... je suis à vous.

RAIMBAULT.

A la bonne heure! tu ne veux pas être un
lâche!

CASTELLANE, à part.

Si j'y comprends un mot!... affaire de femme
sans doute... c'est un père, un oncle, ou un
mari... enfin c'est un homme qui a pour idée do-
minante de tuer Adrien De Lestrelles ou d'être
tué par lui. Adrien n'a pas de temps à perdre à
ce genre de plaisanterie-là... ça me regarde.

RAIMBAULT.

Eh bien, monsieur?...

CASTELLANE.

Eh bien, monsieur, quand vous voudrez;
vos armes?...

RAIMBAULT.

Choisissez, monsieur... j'ai porté l'uniforme.

CASTELLANE, indiquant sa chambre.

J'ai là des épées...

RAIMBAULT.

L'épée donc... c'est l'arme du soldat.

CASTELLANE, indiquant par la fenêtre.

Dans ce petit clos, derrière la maison... personne ne nous dérangera.

RAIMBAULT.

Marchons !

(Ils entrent dans la chambre de Castellane. Flée et ses hommes entrent au fond avec mère Potel.)

SCÈNE X.

MÈRE POTEL, FLÉE, LES TROIS ACOLYTES.

FLÉE, à mère Potel.

Je te dis, vieille révolutionnaire, qu'hier, à la tombée de la nuit, il est entré chez toi un voyageur à physionomie douteuse... je viens de le savoir dans l' pays.

MÈRE POTEL.

Eh ben ! où entreraient donc les voyageurs si c'était pas dans les auberges ?

FLÉE.

Mais ses papiers... les as-tu vus ?

MÈRE POTEL.

Ses papiers ?... j' suis pas gendarme.

FLÉE.

Ah ! enragée de buonapartiste... v'là comme tu réponds aux vrais serviteurs du roi !

(Il lève sur elle la crosse de sa carabine; Adrien sort de sa chambre.)

SCÈNE XI.

LES MÊMES, ADRIEN.

ADRIEN, l'arrêtant.

Que faites-vous, monsieur ? une femme !...

FLÉE.

De quoi vous mélez-vous ?... et d'abord, qui êtes-vous ?...

ADRIEN.

Qui je suis ?...

FLÉE.

Oui... oui... qui êtes-vous ?... vous ne répondez pas... j' vous arrête !... (Les trois autres le saisissent et le fouillent; Flée continue tout en examinant les papiers trouvés sur Adrien.) Vous m' faites l'effet d'être c' que nous cherchons... Votre affaire n' sera pas longue, allez... si vot' passe-port n'est pas en régle, j' vas vous en signer un pour l'autre monde.

MÈRE POTEL, à part.

Il est perdu !

FLÉE, qui a déployé le passe-port.

Qu'est-ce que je vois là !... « Au nom du roi...

« laissez passer le comte Gaëtan de Castellane...» Et puis une apostille de la main de monseigneur !... oh ! pardon, monsieur le comte... pardon ! (A ses hommes.) Voulez-vous bien lâcher monsieur le comte, vous autres !... Et moi qui vous prenais pour ce buonapartiste de De Lestrelles !... (Tous s'inclinent. On entend un cliquetis d'épées.) Quel est ce bruit ?

PREMIER ACOLYTE, regardant à la fenêtre.

Deux hommes aux prises.

FLÉE, de même.

Ah ! ah ! c'est mon gaillard... Diable ! il n'est pas manchot.

MÈRE POTEL.

Un duel !... il faut les séparer...

FLÉE, l'arrêtant.

Pourquoi donc ça ?... chacun ses affaires.

PREMIER ACOLYTE, regardant toujours.

Bon !... fends-toi à fond !... et plus d'homme !

ADRIEN.

Un blessé ?

PREMIER ACOLYTE.

Mieux que ça... il est étendu raide et ne bouge plus.

FLÉE, regardant.

Il paraît que notre homme a tenu parole.

SCÈNE XII.

LES MÊMES, RAIMBAULT.

FLÉE.

Mes compliments sur votre exactitude... tandis que nous cherchions l'Adrien De Lestrelles...

RAIMBAULT.

Je l'ai tué.

ADRIEN, qui s'est approché de la fenêtre.

Qu'ai-je vu !... (A Raimbault.) Monsieur, je suis l'ami de cet homme que vous avez tué... qui vous a dit que cet homme fût Adrien de Lestrelles ?

RAIMBAULT, ramassant la lettre qu'il a laissé tomber, après l'avoir lue à Castellane.

Lui-même... à qui j'apportais aujourd'hui cette lettre.

ADRIEN, lisant.

« Vous êtes un misérable... je désire que vous « ne soyez pas un lâche. » Mais celui qui a écrit ces mots n'a pas osé les signer de son nom.

RAIMBAULT.

Son nom ?... c'est le mien. Et maintenant que cet homme est mort, je puis le dire tout haut et devant tous, mon nom : Je suis Jacques Raimbault.

ADRIEN, terrifié.

Jacques Raimbault ! (A part.) O mon ami, mon frère... je ne pourrai pas te venger !

RAIMBAULT.

Quant au motif qui m'a fait tuer cet homme, contre qui d'ailleurs j'ai joué ma vie, Dieu le sait... (A part.) Dieu et elle!... elle que je peux maintenant regarder sans rougir. (A Flée. Messieurs, j'ai promis de l'or et un cadavre: (lui jetant une bourse.), je paie comptant l'un et l'autre. (A part.) Allons embrasser mon fils.

FIN DU PROLOGUE.

UN FILS,

DRAME EN TROIS ACTES ET EN PROSE.

DISTRIBUTION DE LA PIÈCE:

Jacques RAIMBAULT...................... M. Montigny.

Adrien DE LESTRELLES................. M. Saint-Ernest.

Eugène RAIMBAULT (vingt ans)............. M. Albert.

Nicolas TOUCHET, son frère de lait........... M. Francisque jeune.

M. GIRÊME, médecin...................... M. Thénard.

Élisabeth RAIMBAULT.................... Mme Darcey.

LUIDGINA.......................... Mlle Théodorine.

La scène se passe à Lyon en 1829.

ACTE PREMIER.

Un petit salon chez M. Raimbault. Au fond, deux portes à double battant donnant sur un magasin. A gauche de l'acteur, porte latérale conduisant à l'intérieur des appartements. A droite, porte d'entrée conduisant dehors. Du même côté, un bureau chargé de papiers. A gauche, une cheminée et du feu dedans. Du même côté, guéridon chargé de sirops, tisanes, etc., etc.

SCÈNE I.

ÉLISABETH, Eugène RAIMBAULT, Nicolas TOUCHET.

(Au lever du rideau, Eugène dort étendu sur un grand fauteuil-bergère placé entre le guéridon et la cheminée. Élisabeth, assise près du guéridon, achève de préparer une potion qu'elle remet à Nicolas. Celui-ci, qui jusque-là est resté debout à côté d'Élisabeth, va s'asseoir sur un petit escabeau en bois, placé aux pieds d'Eugène, et là, sa tasse à la main, l'œil fixé sur le malade, il paraît attendre son réveil.—L'orchestre a prolongé l'introduction pendant toute la durée de ce jeu de scène.)

ÉLISABETH.

Il dort profondément, ce sommeil si calme lui fera du bien.

NICOLAS.

Oui, madame Raimbault... mais le médecin a dit comme ça qu'il fallait qu'il *busse* toutes les demi-heures, et v'là une demi-heure trois minutes qu'il dort sans rien boire... j' vas le réveiller.

ÉLISABETH, l'arrêtant.

Y pensez-vous, Nicolas! l'éveiller!...

NICOLAS.

Oh! que j'suis bête!... mais au fait il doit s'fatiguer... dormir comme ça sans s'arrêter... Il n'y a rien qui altère la santé comme de ne pas désaltérer le gosier, et M. Girême le médecin a bien dit hier...

ÉLISABETH.

M. Girême a dit que ce dont Eugène a le plus besoin, c'est du repos... un repos complet.

NICOLAS.

Et je suis ben de son avis : un repos complet... ça ne peut être que salutaire. Si M. Eu-

gène voulait suivre mes conseils et ne rien faire, il se porterait mieux. Mais j'ai beau être son aîné de trois semaines... il ne m'écoute pas plus, moi, son frère de lait... que je ne l'écoute quand il m'apprend à lire... On ne m'accusera ben sûr pas de lui donner l' mauvais exemple... moi qui suis d'une paresse modèle. Naturellement, j'aime déjà pas beaucoup à travailler... eh ben, dans l'intérêt de votre enfant que j'aime comme mon cadet qu'il est, pour l'encourager enfin, je me tue le corps et l'âme à ne rien faire de la sainte journée, à me croiser les bras du matin au soir... Bah ! c'est comme si je chantais !... à peine remis d'une maladie violente, encore convalescent, v'là qu'il recommence à étudier... Il a repris ses couleurs, ses pinceaux... parcequ'il faut toujours que monsieur barbouille quelque chose... et puis il vent aider son père dans la direction de sa manufacture, comme si M. Raimbault avait besoin... et on veut que cet enfant-là se porte bien! mais encore une fois, qu'il prenne donc exemple sur moi; je suis ouvrier chez M. Raimbault, c'est vrai... mais je travaille quand ça me plaît, et comme ça ne me plaît pas souvent... je ne travaille jamais, aussi je me porte comme un charme.

(Eugène fait un mouvement.)

ÉLISABETH.

Nicolas, vous parlez trop... vous éveillerez Eugène.

NICOLAS.

Oh! que j' suis bête! c'est vrai... je me tais, bourgeoise... mais je dirai toujours que c'est vexant de voir que ce monsieur, qui allait tout-à-fait bien, vient d'avoir une rechute, et ça par-cequ'il s'a trop pressé de travailler... et la fête du bourgeois qui tombe aujourd'hui 25 juillet jour de Saint-Jacques!... si bien que nous ne savons pas encore si le dîner aura lieu... un dîner ousque je me promettais de boire la mer et les poissons... (la mer Rouge s'entend) à la santé...

ÉLISABETH.

Plus bas... s'il vous entendait!... vous savez bien, Nicolas, qu'il est convenu qu'on ne parlera pas de cette fête devant lui. Elle n'aura lieu que si le docteur permet qu'Eugène y assiste... Il s'éveille!

NICOLAS, à part.

Oh! que j'suis bête!

EUGÈNE, ouvrant les yeux.

Mon père... est-ce que mon père n'est pas là?

ÉLISABETH.

Non, mon ami... Comment te trouves-tu?...

EUGÈNE.

Bien, ma mère, très bien... Où donc est mon père?

ÉLISABETH.

Tu sais qu'il est allé chez notre ami Giréme, qu'il doit ramener avec lui.

EUGÈNE, avec une légère impatience.

Mais, ma mère, je n'ai pas besoin du mé-decin... je vais bien.

ÉLISABETH.

Mon ami, ton père l'a voulu ainsi.

EUGÈNE, s'adoucissant.

C'est différent. Mais il devrait être de re-tour.

NICOLAS, lui présentant la tasse.

Voulez-vous boire, mon frère de lait?

EUGÈNE.

Encore... toujours vos tisanes!... je te dis que je ne suis plus malade.

NICOLAS, chagrin.

Vous ne voulez pas boire de la main de votre aîné?

EUGÈNE.

Si... donne... à une condition... c'est que tu vas aller au-devant de mon père; je m'ennuie de ne pas le voir.

NICOLAS.

Buvez, mauvais malade... j'y vas tout de suite. (Eugène boit.—Nicolas va prendre son chapeau et dit :) C'est fait? je pars et je reviens... Madame Raimbault, je vous recommande mon malade.

(Il sort.)

SCÈNE II.

ÉLISABETH, EUGÈNE.

ÉLISABETH.

Tu es donc tout-à-fait bien, mon Eugène?

EUGÈNE, se levant.

Tout-à-fait, ma mère. Comment n'avez-vous pas deviné que je ne pouvais pas être malade le jour de la fête de mon père?

ÉLISABETH, surprise.

Ah! tu nous écoutais tout-à-l'heure... c'est mal.

EUGÈNE.

Tout-à-l'heure je dormais... que disiez-vous donc que j'aurais pu écouter?...

ÉLISABETH.

Nous parlions de la fête d'aujourd'hui, et comme jusqu'à ce jour tu n'en as rien dit...

EUGÈNE.

Vous avez cru que je l'oubliais?... oublier la fête de mon père!

ÉLISABETH.

Malade comme tu l'es...

EUGÈNE.

Je ne suis malade que depuis huit jours et la fête de mon père... il y a plus d'un mois que je m'en occupe.

ÉLISABETH.

Que me dis-tu là?

EUGÈNE, ouvrant un portefeuille d'où il tire un portrait.

Tenez, ma mère... je peux bien vous le montrer, puisque c'est aujourd'hui... Connais-sez-vous cette figure?

ÉLISABETH.

Ton portrait!... et d'une ressemblance... de-puis quand l'as-tu fait faire? Par qui?

EUGÈNE.

Par qui? C'est une commande que je me suis faite à moi-même. Depuis trois ans que j'étudie la miniature... il est temps que ça me serve à quelque chose...

ÉLISABETH.

Et cela est ton ouvrage! mais sais-tu que je ne vais plus seulement t'aimer? tu vas me for-cer d'être fière de ton talent. (Regardant le portrait.) Mon Dieu!... que c'est bien ta figure!...

EUGÈNE.

Mon père sera content, n'est-ce pas? Je ne pouvais pas, j'en suis sûr, lui faire un cadeau qui lui fût plus agréable.

ÉLISABETH.

Oui... mais si je le gardais pour moi ce por-trait... j'ai bien envie de ne pas te le rendre...

EUGÈNE, vivement.

Ah! maman! je ne l'ai pas fait pour vous... je l'ai fait pour mon père... je ne veux pas que vous le gardiez.

ÉLISABETH, doucement.

Tu ne veux pas? Tu m'aimes donc moins que ton père?

EUGÈNE.

Oh! je ne dis pas cela, ma mère... pourquoi cette idée? Je dis seulement que c'est aujour-d'hui la fête de mon père.

ÉLISABETH, avec une gravité douce.

C'était ma fête il y a trois mois. Ce jour-là tu m'as embrassée avec toute l'effusion d'un bon cœur... comme un fils embrasse sa mère ; mais tu ne t'étais pas occupé de ce jour-là un mois à l'avance.

EUGÈNE.

Ma mère, est-ce que vous m'en voulez ?

ÉLISABETH.

Non, mon ami, non, je ne t'en veux pas. Voilà ton portrait...

EUGÈNE.

Oh ! je vous aime, ma bonne mère... je vous aime bien aussi !... (écoutant.) On monte l'escalier.. c'est le pas de mon père... oui, c'est lui enfin... je le reconnais !

Il quitte brusquement sa mère et sort en courant par la porte à droite.

ÉLISABETH, *restée seule un moment le regarde aller avec tristesse, puis elle dit :*

Soyez témoin, mon Dieu, que la pauvre femme ne se plaint pas ! Bénie soit au contraire votre infinie miséricorde, ô mon Dieu, vous qui, au lieu d'une froide indifférence, avez daigné mettre au cœur de cet enfant un amour profond et filial pour celui que toujours il appellera son père.

SCÈNE III.

ÉLISABETH, EUGÈNE, RAIMBAULT, GIRÊME, NICOLAS.

GIRÊME.

Eh ! mais il me semble que voilà un petit malade bien gaillard ! Où diable a-t-on été s'imaginer que la médecine avait quelque chose à démêler avec ce garçon-là ? (A Élisabeth)... Ma chère madame Raimbault, je suis bien votre serviteur... Est-ce que par hasard vous seriez indisposée ?

ÉLISABETH.

Pas le moins du monde. Qui vous fait croire...

GIRÊME.

Que voulez-vous ? vous dérangez la Faculté... la Faculté veut à toute force mettre la main sur un malade... Cette maison-ci me doit un malade... Je cherche mon malade par-tout... Et, fort heureusement pour vous tous, je ne le trouve nulle part.

RAIMBAULT.

Cependant ne pensez-vous pas comme moi, mon cher Girême, qu'Eugène n'est pas raisonnable de venir au-devant de nous... sur l'escalier ?

GIRÊME.

Je pense qu'il est toujours fort raisonnable de se bien porter.

RAIMBAULT.

A la bonne heure... mais quand on fait tant que d'aller chercher le médecin... que le médecin prend la peine...

GIRÊME.

Il est encore fort raisonnable de se débarras-

ser du médecin le plus tôt qu'on le peut. Vous connaissez là-dessus ma manière de voir : le médecin est une nécessité, je ne dis pas de la nature, attendu qu'à la rigueur la nature se passerait parfaitement des médecins et de la médecine ; c'est une nécessité de la société, telle que nous l'avons faite ; c'est nécessaire comme les avoués, les confiseurs, les commis de l'octroi, qui ne sont pas nécessaires du tout. Règle générale : servez-vous du médecin, quand il y a force majeure, quand il ne vous reste pas assez de résolution pour nous dire : « Allez-« vous-en » ! Mais, du moment que la nature prend le dessus, le mieux est de nous rire au nez et de nous montrer la porte... Voilà les conseils que vous donne un docteur de la Faculté.

EUGÈNE.

Oui, je veux bien rire au nez du docteur, sur-tout quand je me porte bien ; mais, malade ou non, je ne veux pas montrer la porte à notre meilleur ami.

GIRÊME.

Tu as raison... c'est comme ami seulement que je viens ici. Donne ta main, que ton ami te tâte le pouls.

(Une pause.)

ÉLISABETH.

Eh bien ! docteur ?

GIRÊME.

Eh bien ! ma chère dame, j'en suis pour ce que j'ai dit... C'est une mystification qu'on a voulu me faire ; si tout le monde se portait comme ce malade-là, tous les médecins mourraient à l'hôpital.

EUGÈNE.

Là ! j'étais bien sûr d'avoir raison !

RAIMBAULT.

Je suis enchanté que notre ami Girême soit de ton avis.

ÉLISABETH.

Quel bonheur pour nous tous !

NICOLAS, *s'approchant.*

Ainsi il n'y a pas d'inconvénient à ce que notre petite fête...

GIRÊME.

Ce que j'ordonne, c'est que la fête aura lieu et qu'Eugène en prendra sa belle et bonne part.

NICOLAS, *lui sautant au cou et l'étreignant avec force.*

Oh ! merci, merci, roi des médecins ! brave homme de monsieur Girême que vous êtes ! embrassez-moi comme vous le méritez... vous permettez que mon frère de lait soit de la fête... Je vous vénère à l'égal de la Providence... Vous êtes la Providence avec une figure respectable et une culotte courte ! Oh ! avouez, avouez que vous êtes la Providence !

GIRÊME, *se débarrassant avec effort.*

Au diable la reconnaissance et les adorations!...Je suis tout ce que tu voudras... Est-ce une raison pour m'étouffer?

(Il rajuste son jabot et sa cravate.)

NICOLAS, un peu confus.

Oh! que je suis bête!... Pardon, mille fois pardon... J'ai légèrement chiffonné votre linge... Je vous autorise à faire blanchir le tout à mes frais, même la culotte noire, si ça peut. (A Élisabeth.) Bourgeoise, si nous allions nous occuper des préparatifs?...puisque c'est une affaire convenue... moi d'abord je ne tiens plus en place.

ÉLISABETH.

Au fait, mon pauvre Nicolas, vous avez l'air d'un fou.

(Elle sort par une des portes du fond.)

RAIMBAULT.

Allons, Eugène, tu es content, j'espère!... puisque le docteur le permet, te voilà redevenu grand garçon!... tu vas reprendre tes occupations...

EUGÈNE.

Mes travaux auprès de toi, mon bon père! nous allons recommencer nos spéculations, nos calculs à deux... je veux que cette année nous fassions le double de ce que tu faisais d'affaires à toi seul.

RAIMBAULT.

Voyez-vous ça! l'ambitieux! comme il prend feu tout de suite!... au fait, c'est si beau le commerce!... je ne connais pas d'état au-dessus du mien... dire que ma seule maison fait vivre quarante familles!

NICOLAS.

Et que je peux dire qu'on y vit bien dans c'te maison-là... à preuve qu'on y fera encore un drôle de dîner aujourd'hui, ousque je ne me négligerai pas du tout, ni mon frère de lait non plus : je veux qu'il boive une foule de vins, mon frère de lait...

RAIMBAULT.

Oh! qu'on n'épargne rien... que la tête soit complète... va, Eugène, va quitter la robe de chambre.

EUGÈNE.

J'y vais, père... mais je voudrais te parler au moins, un moment, autre part que devant tout le monde.

RAIMBAULT.

Eh bien! mon ami, tu me retrouveras ici.

EUGÈNE.

Quant à monsieur Giréme, je sais qu'il dîne avec nous. A bientôt, mon père.

NICOLAS, bas à Eugène.

Le portrait, n'est-ce pas?

EUGÈNE, de même.

Chut!

NICOLAS, de même.

Moi jaser!... plus souvent!... j'suis bête... oui... mais bavard, jamais!... mon bonnet...

mon bonnet lui-même ne sait pas ce que j'ai dans la tête.

(Il sort avec Eugène par la gauche.)

SCÈNE IV.

GIRÉME, RAIMBAULT.

RAIMBAULT.

Mon cher Giréme, mon ami, que je vous dise combien tout-à-l'heure vous venez de me rendre heureux... comme chacune de vos paroles m'allait au cœur!... Nous sommes seuls, je puis vous l'avouer : savez-vous que je commençais à concevoir, sur l'état de notre Eugène, des craintes sérieuses?... Et cependant, qu'avais-je à redouter?... nous avions pour nous le talent de mon ami Giréme, d'abord... et puis une nature de vingt ans... avec ça, on peut se moquer de la fièvre... n'est-ce pas donc?

GIRÉME.

De la fièvre? oui sans doute... avec ça et du quinquina. (gravement) Mais nous avions et nous avons encore à combattre autre chose que la fièvre.

RAIMBAULT.

Vous m'effrayez!...

GIRÉME.

Vous avez tort... on a toujours tort de s'effrayer... ça ne mène à rien, et je le prouve par votre propre exemple : lorsqu'il y a vingt ans, échappé aux pontons de la marine anglaise sur lesquels vous aviez eu l'avantage de passer, comme prisonnier, les quinze plus belles années de votre vie; lorsque, dis-je, un hasard miraculeux vous a ramené à Lyon, dans votre ville natale, qu'y avez-vous trouvé? votre mère morte, votre père à moitié fou, ruiné, à la veille d'une banqueroute. Certes il y avait de quoi s'effrayer. Loin de là, vous avez pris conseil, non de la peur, mais de votre courage. Vous avez dit : Je sauverai l'honneur de mon père, en rétablissant la fortune et l'éclat de la maison Raimbault, et, comme vous l'aviez dit, vous l'avez fait; et cependant c'était presque tenter l'impossible!... mais vous l'avez fait, parceque avant tout, vous avez eu le courage de l'entreprendre, et qu'ensuite le hasard, les événements, la Providence...

RAIMBAULT, lui serrant la main.

Oui, la Providence... et l'amitié du docteur Giréme qui a su me trouver une bonne et belle femme... qu'embellissait encore une dot de six cent mille francs... Mais revenons à mon fils.

GIRÉME.

Ces souvenirs, loin de nous en écarter, nous y ramènent. La plus douce de vos espérances, je le sais, mon ami, c'était qu'après avoir, au prix de vingt ans de labeurs, relevé de ses ruines cette belle maison Raimbault, vous la léigueriez toute florissante, toute riche d'avenir aux mains de votre fils...

RAIMBAULT.

Eh bien! cette espérance?

GIRÊME.

Il y faut renoncer.

RAIMBAULT.

Y renoncer! mais c'est impossible. Eugène n'a jamais eu d'autre idée ; vous savez tout ce qu'il annonce de rare aptitude pour le commerce, tout ce que sa haute intelligence doit lui faire espérer de succès.

GIRÊME, bas et avec force.

Mais vous ne savez pas, vous, ce que lui interdit une santé faible, une organisation malheureuse, le germe enfin d'une de ces affections... qui ne pardonnent pas... quand on leur permet de se développer.

RAIMBAULT, attéré.

Quoi! docteur, vous croyez...

GIRÊME.

Il y a quelques jours, je croyais encore... aujourd'hui je suis sûr que le travail, qu'une application soutenue tuerait Eugène... comme je suis sûr aussi qu'une vie de distractions, de voyages, d'occupations douces et variées, serait pour votre fils une existence heureuse et longue.

RAIMBAULT.

Et vous me répondez qu'en suivant vos conseils...

GIRÊME.

Vous sauvez votre Eugène... J'en réponds sur ma vie.

RAIMBAULT.

Ma résolution est prise.

GIRÊME.

Que ferez-vous?

RAIMBAULT.

Dans une heure nous serons tous réunis, dans une heure vous le saurez ...

GIRÊME.

D'ici là je vais faire une visite à un de vos voisins, et avant une heure je suis ici. (Lui prenant la main.) Bon courage !

RAIMBAULT.

J'en aurai.

GIRÊME.

En vérité, je suis honteux de vous apporter de si noires idées pour votre jour de naissance... me pardonnez-vous?

RAIMBAULT.

Je vous remercie.

(Girême sort.)

SCÈNE V.

RAIMBAULT, seul.

Pauvre enfant!... condamné dès sa naissance!... mourant déjà, lorsqu'à peine il commence à vivre!... Quelqu'un de ces maux sans doute qui se perpétuent dans les familles... fatal héritage que lui aura légué celui qui s'appelait son père... celui que j'ai tué... pauvre Eugène!... pourquoi n'es-tu que l'enfant de mon amour et de mes affections!... je n'aurais pas à pleurer aujourd'hui... Pleurer!... mais non... le docteur l'a dit... il est un moyen de le sauver... un moyen infaillible. Oh! quoi qu'il doive m'en coûter, je n'hésiterai pas!... Mais lui, pourrai-je le décider?... Après tout ce que j'ai fait par mon exemple, par mes conseils, pour le pousser dans une voie contraire... que lui dirai-je à présent?... C'est lui!...

SCÈNE VI.

RAIMBAULT, EUGÈNE.

EUGÈNE.

Me voici, père... je t'ai fait attendre peut-être?...... C'est qu'en passant devant l'atelier, j'ai cru remarquer que quelques uns de nos ouvriers s'étaient un peu trop pressés de quitter le travail; il m'a semblé que leur demi-journée ne valait guère plus d'un quart. Je leur ai passé cela pour aujourd'hui, à cause de la circonstance, mais je les ai prévenus qu'à l'avenir...

RAIMBAULT.

Eh! mon Dieu!... de quoi te mêles-tu? Laisse donc cela aux chefs d'atelier.

EUGÈNE.

Du tout, du tout... ça me regarde... et je leur ai bien dit : « Songez qu'à dater de demain je rentre en fonctions... c'est à moi que vous aurez affaire. »

RAIMBAULT.

Demain !... Allons donc ! pourquoi te presser tant ?

EUGÈNE.

Oh ! je suis impatient de reprendre mes travaux... Comme tu me le disais tout-à-l'heure, me voilà redevenu grand garçon... Je ne veux pas paresser... d'ailleurs la maison a besoin de moi.

RAIMBAULT.

Bah ! bah ! et moi, est-ce que je ne suis pas là?

EUGÈNE.

Eh bien! nous serons deux. Et puis, vois-tu, toi, il faut être raisonnable, il y a assez long-temps que tu travailles... que tu travailles pour moi... Il est bien temps aussi que je travaille pour toi. Que diable ! depuis vingt ans, tu ne t'es guère reposé... Moi, au contraire, je n'ai pas fait grand'chose... chacun son tour. Et puis, enfin, je t'ai assez coûté d'argent; il faut que j'en gagne maintenant.

RAIMBAULT.

De l'argent, de l'argent!... Est-ce que nous n'en avons pas assez? Pourquoi donc parler toujours de gagner de l'argent?

EUGÈNE.

Dam! quand on est dans le commerce.

RAIMBAULT.

A la bonne heure... on est dans le commerce... Mais ça n'est pas une raison pour y mourir. Il y a une fin à tout.

EUGÈNE.

C'est pour cela que, quand l'idée te viendra de te retirer, il faut que je sois, moi, en état de te succéder.

RAIMBAULT.

C'est ça, je m'en vais à la campagne, vivre de mes rentes; et puis toi, tu restes ici à travailler comme un manœuvre... pour gagner un argent dont tu n'as pas besoin!... Jolie perspective pour un père et un fils qui s'aiment... qui ne se sont jamais quittés!...

EUGÈNE.

Mais, papa, nous ne nous quitterons pas. Seulement tu ne feras rien, et moi je ferai aller la maison.

RAIMBAULT.

Ah! oui, tu te figures que je passerai mon temps à me croiser les bras... et à me promener de long en large dans ta maison? C'est là le plaisir que je me promets sur mes vieux jours n'est-ce pas?... c'est si gai le commerce... c'est un état si amusant!...

EUGÈNE.

Tu disais tout-à-l'heure que tu n'en connaissais pas de plus beau.

RAIMBAULT.

Oui, pour celui qui l'exerce. Mais quand une fois on en a assez... quand on y a gagné ce qu'on voulait y gagner... quand on se retire enfin... on ne va pas choisir pour passe-temps ordinaire le plaisir de regarder faire les autres. Je veux me retirer, c'est vrai... mais pour jouir de ce que j'ai amassé. Voilà pourquoi je veux me retirer.

EUGÈNE, étonné.

Ah çà, entendons-nous... tu veux donc te retirer?

RAIMBAULT.

Et pourquoi pas?... Encore une fois, est-ce qu'il y a nécessité à ce que je meure le nez sur mon livre de caisse, ou sur un métier à la Jacquard?

EUGÈNE.

Je ne dis pas cela... mais voilà la première fois que tu m'en parles.

RAIMBAULT.

La première fois, la première fois!... Ces idées-là vous viennent au moment où on s'y attend le moins. Eh bien! ça m'est venu aujourd'hui... je veux me retirer.

EUGÈNE.

Ah!...

RAIMBAULT.

Oui, je me suis dit que quand on a l'avantage de posséder cinquante bonnes mille livres de rente qui ne doivent rien à personne, avec cela un fils unique qui ne menace pas d'être un trop mauvais sujet, il faudrait être bien fou pour ne pas se donner le plaisir de dépenser noblement son revenu de chaque année, en vivant selon ses goûts, voyageant, courant le monde, cultivant les arts, les encourageant... au lieu de pourrir dans une manufacture sans autre idée que celle d'entasser écus sur écus, sans autre occupation que de veiller à ce que vos ouvriers ne vous comptent pas des demi-journées de deux heures.

EUGÈNE.

Au fait, je ne trouve pas ton raisonnement trop mauvais, moi.

RAIMBAULT.

Aussi, c'est décidé!... je vends la maison... et nous partons.

EUGÈNE.

Ah! tu vends la maison?... bientôt?

RAIMBAULT.

Aussitôt que j'aurai trouvé un acheteur.

EUGÈNE.

Dis donc, père, est-ce que ça ne te fait pas de peine de penser que ça ne sera plus la maison Raimbault?...

RAIMBAULT.

Ah! bah! quelle bête d'idée!... puisque ça n'est plus nous, ça ne doit plus être notre nom... (A part.) Je voudrais pouvoir pleurer.

EUGÈNE.

Et où irons-nous?

RAIMBAULT.

Où nous irons?... Ah! oui... quel bonheur!... Où irons-nous? en Italie, hein?... Tu sais quand on voyage... on va toujours en Italie.

EUGÈNE.

En Italie, soit...

RAIMBAULT.

Toi qui aimes la peinture...

EUGÈNE, vivement.

A propos... tu me fais oublier tout avec tes projets... tiens... moi qui aime la peinture... voilà ce que j'ai fait...

(Il lui donne le portrait.)

RAIMBAULT le contemple d'abord avec ivresse, puis en portant les yeux du portrait à son fils, enfin il dit d'une voix émue:

C'est toi qui as fait cela?

EUGÈNE.

Oui, père.

RAIMBAULT.

Pour moi?

EUGÈNE.

Pour ta fête.

RAIMBAULT, éclatant en sanglots et lui ouvrant les bras.

Mais embrasse-moi donc!... embrasse-moi donc!

(Eugène lui saute au cou.)

SCÈNE VII.

Les Mêmes, ÉLISABETH, puis GIRÈME.

ÉLISABETH.

Mon ami, je vous annonce que tout est prêt... Ah! mon Dieu!... vous pleurez!... Qu'avez-vous?...

RAIMBAULT.

Rien, ma chère amie, rien qui doive vous affliger... Ces larmes sont de joie... (Lui montrant le portrait.) Voyez, Élisabeth... c'est un cadeau de notre fils.

ÉLISABETH.

Oui, je sais... votre bonheur a déjà fait une jalouse.

RAIMBAULT.

Vous, jalouse... oh! bien à tort. Tout ce qui est bonheur n'est-il pas commun entre nous? Eugène, dis à ta mère... que ce portrait, tu me l'offres, à moi.

EUGÈNE.

Pour qu'il vous appartienne à tous deux.

GIRÈME, entrant.

Je ne crois pas être en retard. J'ai eu affaire à un malade charmant. Je ne l'avais pas vu depuis trois jours; je le trouve en pleine convalescence. Quand j'ai vu que dame Nature faisait si bien sans la médecine... je me suis vite sauvé sans rien ordonner... j'aurais craint une rechute. (Bas à Raimbault.) Quoi de neuf?...

RAIMBAULT, de même.

Affaire arrangée. Seulement vous donnerez le mot à la mère. (Haut à Élisabeth.) Eh bien! qu'attendons-nous?

ÉLISABETH.

Vos ordres, mon ami... tout notre monde est là... les tables sont dressées.

(Eugène est allé au fond, les deux portes s'ouvrent. Le magasin est transformé en salle à manger; une vaste table est disposée dans toute la largeur oblique du théâtre et se perd dans la coulisse. Tous les ouvriers sont réunis en habits des dimanches, avec des bouquets : en tête, sont les chefs d'atelier et Nicolas.)

SCÈNE VIII.

Les Mêmes, NICOLAS, Ouvriers.

CRI GÉNÉRAL.

Vive monsieur Raimbault!... vive monsieur Raimbault!

NICOLAS.

Vive monsieur Eugène!

TOUS.

Vive monsieur Eugène!

NICOLAS.

Vive mon frère de lait!

RAIMBAULT.

Merci, mes amis, merci de votre bon souvenir... merci pour moi... et pour tous ceux qui me sont chers...

NICOLAS, l'interrompant.

Pardon, excuse, bourgeois, si je vous interromps la parole... j'en ai mission de ces messieurs que voilà... pour vous dire, bourgeois, que c'est aujourd'hui votre fête... et que ça nous est aussi agréable, sauf respect, que si c'était notre fête à nous tous... à preuve que nous sommes tous du dîner. Recevez donc, bourgeois, avec ce faible symbole (il lui présente un bouquet-monstre.), l'engagement que je prends, en mon nom et au nom des camarades, de vous respecter, de vous chérir vous et mon frère de lait, parceque lui aussi, il en est de notre amitié, et de la mienne sur-tout; et de boire à vos santés toute la vie en général et aujourd'hui en particulier... autant que des mortels dévoués peuvent en être *suscestibles* sous le rapport du cœur et de l'estomac. (Aux ouvriers.) Allons, ensemble... Vive monsieur Raimbault!

TOUS.

Vive monsieur Raimbault!

NICOLAS, seul.

Et mon frère de lait!

RAIMBAULT.

Mes amis, vous me voyez vivement touché de vos témoignages d'attachement. Je voudrais que rien ne troublât la joie d'un jour comme celui-ci : et cependant j'ai à vous faire part d'une résolution que j'ai long-temps hésité à prendre, mais que j'aurai le courage d'accomplir... c'est celle de me séparer de vous. (Murmures et exclamations d'étonnement parmi les ouvriers.) Oui, mes amis, je quitte les affaires, je vais céder ma maison. Quel sera mon successeur? je l'ignore; quel qu'il soit, je vous demande seulement de faire pour lui ce que vous avez fait pour moi. Je me suis enrichi dans les affaires, non pas seulement grace à mon activité, mais aussi, je me plais à le reconnaître, grace au dévonement et à la probité de vous tous, qui avez partagé mes travaux. Recevez-en, tous, mes remercîments.

(Silence.)

NICOLAS, à part.

J'avais pas deviné celle-là, moi... oh! que j'suis bête!

UN OUVRIER, bas à Nicolas.

C'est là tout ce qu'il paie, le bourgeois?...

NICOLAS.

Et le dîner?... c'est donc rien?... on te régale, et tu te plains... faignant!

DEUXIÈME OUVRIER.

Le dîner, c'est pour la fête... mais pour les adieux?...

NICOLAS.

Faudrait toujours l'argent à la main avec vous autres...

PREMIER OUVRIER.

Dam! on lui en a fait assez gagner.

ÉLISABETH, s'approchant de son mari.

Mon ami, m'expliquerez-vous pourquoi cette détermination subite?

RAIMBAULT.

C'est mon desir, c'est celui de votre fils...
n'est-ce pas aussi le vôtre?

ÉLISABETH, au comble de la surprise.

Et vous ne m'en avez rien dit! Quel motif?...

GIRÈME, bas à Élisabeth.

La santé de votre fils. Il faut qu'il voyage...
son père veut l'accompagner par-tout... et vous...

RAIMBAULT.

Eh bien!

ÉLISABETH.

Quand vous voudrez, mon ami, nous parti-
rons.

RAIMBAULT.

Mes amis, je vous ai annoncé mon prochain
départ; mais je ne vous ai pas fait mes adieux.
M. Duval, mon caissier, se chargera de vous
les faire : demain, à huit heures, la caisse sera
ouverte; il sera compté à chacun de vous une
quinzaine de gratification; et maintenant, à
table.

TOUS.

A table... Vive monsieur Raimbault!

NICOLAS, seul.

Et mon frère de lait!

ACTE SECOND.

Cabinet de travail de J. Raimbault; porte au fond conduisant au dehors. A droite de l'acteur, porte de la
chambre à coucher de Raimbault. A gauche, porte conduisant à l'intérieur des appartements. Au fond, à
gauche, fenêtre donnant sur la rue. A droite, au premier plan, un secrétaire. En face du secrétaire, à
gauche, une cheminée; au-dessus, glace, pendule; à côté, une miniature. En avant de la cheminée, un
guéridon.

SCÈNE I.

NICOLAS, seul.

(Il est assis dans un grand fauteuil de bureau, tenant à la
main une lettre chiffonnée qu'il lit difficilement.)

« Mon cher Nicolas, je t'écris un mot pour
« te dire que nous sommes tous en bonne santé.
« Le voyage m'a fait, à moi parti... particulier...
« à moi particulièrement... » Ces diables de
grands mots... dans l'écriture, j' peux pas les
lire... « m'a fait, à moi particulièrement, beau-
« coup de bien. Je mange comme un ogre tous
« les restaurants de Paris... » Il mange tous les
restaurants?... ah! j'y suis!... « je mange comme
« un ogre, » point et virgule... « tous les res-
« taurants de Paris me boivent quelque chose...»
comment ça, me boivent?... ah! que je suis
bête!... « me doivent quelque chose. » Sacré-
dieu! v'là sept fois en huit jours que je relis la
lettre de mon frère de lait, et sept fois que j'fais
la même boulette! Nicolas, mon ami, tu ne se-
ras jamais qu'un âne!... ne pas pouvoir lire
un peu plus couramment une si belle écriture... l'écriture de mon professeur!... bête...
butor... Canut que tu es... tiens, t'es pas digne
d'aller plus loin... On t'en écrira des amours de
lettres... pour les écorcher toutes vivantes...
comme un anthropophage que tu es! (Il se pro-
mène.) Au fait, il ne les prodigue pas, les amours
de lettres, mon frère de lait... une en quinze
jours! (Il arrive devant la fenêtre.) Ah çà, qué que
c'est que ce chrétien-là?... v'là une heure que
j'vois se promener d'vant la maison un grand
manteau surmonté d'un grand chapeau : est-ce
que ça serait un filou?... il regarde not' fabrique
comme s'il voulait l'avaler toute crue... oh! que
je suis bête! c'est un acheteur... il croit qu'on
n'entre pas parceque c'est dimanche... (Criant à la
fenêtre.) Monsieur!... obé! monsieur!... vous voulez visiter la fabrique?... montez... le bourgeois
est absent... mais me voilà, moi... c'est la même
chose... Le grand escalier, au premier!... (A lui-
même.) Au fait, il a quelque chose de cossu, ce
particulier; j'ai pas pu voir sa figure... mais il a
le dos bien distingué.

SCÈNE II.

NICOLAS, ADRIEN.

ADRIEN, s'arrêtant à la porte.

M. Raimbault est absent?

NICOLAS.

Depuis quinze jours; il est allé à Paris.

ADRIEN.

Et il revient?

NICOLAS.

Je vous dirai ça quand je le saurai...

ADRIEN, à part.

Heureux hasard! (Haut.) Je voudrais avoir
quelques renseignements...

NICOLAS.

Sur la maison... je vais vous donner ça... je
sais la maison par cœur.

ADRIEN.

Mais ne pourrais-je parler?...

NICOLAS.

A d'autres que moi?... pas possible, le bourgeois a emmené avec lui la bourgeoise.

ADRIEN, à part.

Elle vit!... merci, mon Dieu! (Haut.) Ah!
toute la famille est du voyage?...

NICOLAS.

Y compris M. Eugène, leur fils.

ADRIEN, à part.

Eugène!... c'est lui!... mon fils a vingt ans... et ne pas le voir! (Haut.) M. Raimbault a déja un fils de cet âge?...

NICOLAS.

Est-ce que j'ai parlé de son âge?

ADRIEN, vivement.

Non, non, c'est vrai; mais vous avez dit monsieur Eugène... j'ai pensé que vous ne parliez pas d'un enfant.

NICOLAS.

Oh! oui, c'est un homme!... et un joli, ma foi! et, quoiqu'il soit mon frère de lait, ça ne l'empêche pas d'être proprement gentil, je m'en flatte.

ADRIEN, avec intérêt.

Vraiment?

NICOLAS.

Ah dam! un beau grand garçon... Je suis son aîné... de trois semaines; c'est malheureux, par exemple, qu'il jouisse d'une assez mauvaise santé.

ADRIEN, avec effroi.

Sa santé n'est donc pas?...

NICOLAS.

Il vient de faire une maladie assez conséquente... Mais je vous parle de tout ça, moi, comme si ça vous intéressait... que je suis bête!... ce que vous voulez, vous, c'est des renseignements sur la maison... vous voulez voir de près nos machines à filer... nos métiers, n'est-ce pas donc?

ADRIEN.

Sans aucun doute... mais tout ce que vous me dites m'intéresse... vous paraissez avoir beaucoup d'amitié pour votre jeune maître?...

NICOLAS.

Si je l'aime! nom d'un!... si je l'aime!... mon frère de lait! mon autre soi-même, mon professeur, je devrais dire mon élève... car c'est moi qui l'ai élevé... sous mes yeux.

ADRIEN.

Vous paraissez bien jeune...

NICOLAS.

Ça n'empêche pas que je soye son aîné de trois semaines et que j'ai veillé moi-même à son éducation, et qu'à preuve il n'y a pas dans Lyon un bâtonnisse comme lui pour faire une rose couverte... M. Raimbault a voulu, je ne sais pas trop pourquoi, lui donner d'autres maîtres que moi; je ne m'y suis pas opposé, et, une fois en pension, il remportait tous les prix... oui, monsieur, tous les prix! et ça me donnait tant d'enthousiasme qu'un jour on m'a mis à la porte du collége; parceque je criais trop fort bravo!... Je crois bien... on venait de le couronner pour la dixième fois!... Il sait tout, cet enfant-là! mais c'est rien encore... c'est ce cœur qu'il a! bon avec tout le monde... aimant sa mère... et son père! oh! faut le voir aimer son père!... On dirait, quand il entend parler M. Raimbault, que chaque parole du bourgeois c'est de l'or... de l'or pur, quoi!... Oh! le tonnerre

me démente, si c'est pas un ange que cet enfant-là!

ADRIEN, les larmes aux yeux, serrant la main de Nicolas.

Brave homme!...

NICOLAS.

Ça vous émut de m'entendre parler... allons, bon!... je vois que vous comprenez la chose, vous; peut-être que vous êtes père aussi?

ADRIEN, d'une voix étouffée.

Oui... oui, je suis père.

NICOLAS.

Et d'un fils aussi, peut-être?

ADRIEN.

Oui, d'un fils...

NICOLAS.

Eh bien! sans vouloir faire deshonneur à monsieur votre fils, je lui souhaite dans toute sa personne la cent millième partie des qualités qu'il y a dans le petit doigt de mon frère de lait; et tenez, voulez-vous le voir, mon frère de lait?

ADRIEN.

Le voir!...

NICOLAS.

Oui, oui, le voir... parceque, quoiqu'il soit à Paris... je fais mon doigt de conversation avec lui matin et soir. Regardez à votre gauche.

(Il indique la miniature de la cheminée.)

ADRIEN, s'approchant.

Quoi! c'est lui?

NICOLAS.

Oh! ça... en nature, il ne lui manque que la parole. Comment le trouvez-vous?... Il est un peu Apollon, je m'en vante.

ADRIEN, les yeux fixés sur le portrait.

Bien... bien... très bien! une belle figure... et qui annonce une belle ame. (Il a décroché le portrait et l'embrasse en disant avec larmes:) Mon fils!... mon enfant!... je le connais enfin.

NICOLAS.

Oh! il n's'a pas manqué... du premier coup, il s'a-t-attrapé soi-même... dans le soigné...

ADRIEN.

C'est son ouvrage?

NICOLAS.

A lui tout seul... quand je vous dis qu'il sait tout. Mais revenons à ce qui vous touche, à la manufacture.

ADRIEN, à part.

M'en séparer! si je pouvais jusqu'à ce soir...

NICOLAS.

Si vous voulez, nous allons visiter les ateliers... Eh bien!... maladroit que vous êtes!...

(Adrien, en feignant de vouloir replacer le portrait, l'a laissé tomber.)

ADRIEN.

Ah! mon ami... je suis désespéré!...

NICOLAS, le ramassant.

Le diable vous emporte!... le verre et le médaillon sont tout brisés.

ADRIEN.

Heureusement c'est peu de chose. Laissez-moi ce portrait jusqu'à ce soir seulement...

NICOLAS.

Comment! comment!... l'emporter? mon frère de lait? plus souvent!...

ADRIEN.

Vous défiez-vous de moi?

NICOLAS.

Écoutez donc... je ne vous connais pas.

ADRIEN.

C'est juste. Mon nom ne serait rien pour vous! ma parole, peu de chose. (Lui montrant une boîte d'or.) Mais voyez cette boîte, elle a, en or, vingt fois la valeur de votre médaillon. (Il l'ouvre.) De plus, elle renferme un portrait aussi; c'est celui de mon meilleur ami, d'un ami qui n'est plus. Je tiens à ce portrait plus peut-être que vous ne tenez à celui de votre Eugène.

NICOLAS.

Plus... c'est pas vrai!!...

ADRIEN.

Autant. Voulez-vous, jusqu'à ce soir seulement, accepter la boîte et le portrait en échange de ce médaillon que vous me confierez.

NICOLAS.

Et ce soir vous me le rapporterez, remis en état et pas abîmé du tout?...

ADRIEN.

Avant la nuit.

NICOLAS, qui a examiné la boîte.

J'accepte votre portrait... par considération pour votre boîte. A ce soir.

ADRIEN, prenant le médaillon.

A ce soir. (A part.) Quelques heures me suffisent; j'aurai l'image de mon fils.

(Il sort.)

SCÈNE III.

NICOLAS, seul.

Je ne sais trop si j'ai bien fait de consentir... ah! bah! qu'est-ce que je risque? cette boîte vaut son pesant d'or... et elle pèse lourd. Et puis c'est un homme comme il faut, sans compter qu'il y a là aussi un joli portrait. (Il regarde l'intérieur de la boîte.) Un beau militaire, ma foi!... un lancier rouge de l'empereur. Qu'est-ce qu'il y a d'écrit autour? (Il essaie de lire.) to t-b-e... té... toté... qué que ça veut dire?... C'est pas du français ça, *toté*... c'est du chinois peut-être... ou de l'hébreu... je ne comprends ni l'un ni l'autre. Ma foi! tout bien considéré, j'aimerais mieux ne pas avoir prêté le portrait. heureusement le bourgeois n'est pas ici; et ce soir tout sera remis en place. (On entend crier dehors: Nicolas, Nicolas!) Hein? qui est-ce qui m'appelle?... je connais pas deux organes comme *celle-là*... c'est mon Eugène!... mon frère de lait!...

SCÈNE IV.

NICOLAS, EUGÈNE.

EUGÈNE, entre en appelant.

Nicolas!... où es-tu, Nicolas?

NICOLAS.

Où j'suis? pardi m'v'là... Comment! c'est vous!... Embrassez-moi d'abord! (Il s'embrassent.) Ah! que ça fait de bien!... j'en suis tout chose... je pleure et je ris, quoi! et comment se fait-il?...

EUGÈNE.

Nous revenons de Paris plus tôt que nous ne pensions. Mon père a trouvé tout de suite un acquéreur; si bien que pour terminer vite... nous sommes repartis de même... ça te fait plaisir, n'est-ce pas?

NICOLAS

Un peu, que ça m'en fait! je suis si content que ça m'en a coupé la respiration; j'ai des poids de 50 sur l'estomac. (A part.) S'il allait voir... qu'il ne voit plus le portrait!

EUGÈNE.

Et ici tout s'est bien passé? Rien de nouveau, n'est-ce pas? Tout est en ordre?

NICOLAS, embarrassé.

Absolument tout... et Madame Raimbault... est-ce qu'elle n'est pas avec vous?

EUGÈNE.

Si fait... j'ai pris les devants... Et ici avez-vous vu beaucoup d'acheteurs?

NICOLAS.

Mais nous avons vendu à-peu-près comme d'ordinaire.

EUGÈNE.

Ça n'est pas ça... je te parle de gens qui aient voulu acheter la maison.

NICOLAS.

Ah! que je suis bête!... nous en avons vu médiocrement. Au reste, puisque vous avez trouvé votre affaire... Et le bourgeois se porte bien?

EUGÈNE.

Très bien... il était sur mes pas; je m'étonne... ah! le voici...

SCÈNE V.

LES MÊMES, RAIMBAULT.

NICOLAS.

Bonjour, monsieur Raimbault!... ça va bien, monsieur Raimbault?... vous vous portez-bien, monsieur Raimbault? vous v'là revenu plus tôt que vous ne pensiez?

RAIMBAULT.

C'est vrai, mon ami, c'est vrai... Va aider ma femme, que j'ai laissée en bas au milieu de nos malles et porte-manteaux. Tu la trouveras qui cause avec monsieur Girême.

EUGÈNE.

Monsieur Giréme est déjà ici?...

RAIMBAULT.

Je l'ai rencontré... comme tu nous quittais pour venir en avant. Il a demandé de tes nouvelles.

EUGÈNE.

Je vais lui en porter moi-même, n'est-ce pas, père?

RAIMBAULT.

Et en même temps tu verras ce que ta mère et lui ont décidé pour le reste de la journée. Giréme prétend que rien n'est prêt ici pour nous recevoir... il veut que nous allions dîner chez lui à l'Ile-Barbe.

EUGÈNE.

Est-ce que ça ne te convient pas?

RAIMBAULT.

Je ferai ce qu'on voudra... voyez ça tous les trois.

EUGÈNE.

Viens-tu, Nicolas?... tu donneras aussi ton avis.

NICOLAS, à part.

Mon avis? c'est que je ne serais pas fâché d'être seul ici quand mon homme reviendra.

(Il sort par le fond avec Eugène.)

SCÈNE VI.

RAIMBAULT, seul.

J'aurais préféré passer l'après-midi et la soirée à travailler : j'ai hâte d'en finir. Cette position mixte de commerçant, qui ne l'est plus, et qui cependant a encore une maison de commerce à gouverner... m'est insupportable. (Tout en parlant, il va à son secrétaire, qu'il ouvre, et parcourt de nombreux papiers.) Je me suis dépêché de donner rendez-vous pour demain à mon acheteur... Voyons, qu'ai-je à visiter encore?.. ah!.. ce vieux porte-feuille... (Il l'ouvre et en tire les papiers qui le remplissent.) Tous mes livres sont parfaitement en règle... mes écritures... mais il est si facile d'oublier... Qu'est-ce que cela?... (Il déploie un papier en forme de lettre.) Ah! cette lettre!.. pourquoi l'avoir conservée? Après quinze ans! c'est mal... on dirait que j'ai voulu me garder un prétexte de haine... de vengeance.. à propos d'une faute que j'ai pardonnée. Et puis... qui sait?... O mon Dieu!... cette idée ne m'était jamais venue... Si j'étais mort dans ce voyage!.. mon fils aurait vu cette lettre... il saurait la faute de sa mère... cette faute qui n'existe plus que dans mon souvenir, dans les remords peut-être de la pauvre femme... et dans cette lettre! Et pourtant à Paris, un nom prononcé devant moi, est venu me rappeler ma honte. Ce jour où j'attendais, seul, dans le cabinet de mon notaire, près de moi, dans l'étude, on a nommé Adrien de Lestrelles. Singulier rapprochement! le même homme chargé des intérêts de Jacques Raimbault et d'Adrien de Lestrelles!... Ils parlaient de lui, les insensés! comme on parle d'un vivant... Sa mort, disaient-ils, n'était pas certaine. Ils avaient entre les mains un acte qui le faisait tuteur d'une demoiselle Castellane, dont le père était mort à l'époque à-peu-près où de Lestrelles avait disparu. De Lestrelles avait dû passer avec la jeune fille aux États-Unis; mais on assurait qu'il allait revenir ou était déjà revenu en France. (Avec un rire amer.) Oh!... s'ils avaient deviné qu'ils parlaient devant l'homme qui sait le mieux ce qu'est devenu de Lestrelles! Mort... oui, mort!... et avec lui aurait dû mourir dès long-temps tout ce qui pouvait me rappeler son crime... Oh!... du feu... du feu pour brûler cette lettre!...

(Il entre un instant dans l'appartement à gauche... la lettre reste sur le secrétaire.)

SCÈNE VII.

ÉLISABETH, puis RAIMBAULT.

ÉLISABETH, entrant du fond.

Mon ami, nous sommes convenus... Personne!... le secrétaire ouvert... il n'est pas loin... (Elle s'est approchée du secrétaire, elle regarde les papiers qui le couvrent.) Il met ses papiers en ordre... (Avec effroi,) Quelle est cette écriture? (Elle parcourt la lettre avec anxiété; la terreur et la honte viennent se peindre sur sa figure. En ce moment Raimbault rentre, portant une bougie allumée qu'il pose sur le guéridon à gauche: puis il s'arrête stupéfait, en apercevant Élisabeth, qui, au même instant, se retourne et tombe à genoux en voyant son mari ; et, poussant un cri, elle dit :) Ah! monsieur!! vous saviez tout.

RAIMBAULT, d'une voix étouffée.

Vous ici!... vous! Eh bien! oui, je savais tout!... depuis quinze ans!...

ÉLISABETH.

Et vous ne m'avez pas tuée!...

RAIMBAULT.

Vous? Non! mais pourquoi êtes-vous entrée ici?... Encore une minute, et tout était oublié... et cette lettre n'existait plus... et je pouvais dire elle n'est pas coupable... mon fils est bien à moi! Oh! malheur! malheur! il faut maintenant que je rougisse devant vous... devant vous qui m'avez déshonoré... et qui voyez que je le sais et que je ne vous ai pas tuée.

ÉLISABETH, pleurant.

Oh! pardon!... pardon!... vous... rougir! mais c'est moi qui voudrais mourir de honte, de désespoir et de remords, là à vos pieds... vous avoir outragé... vous si bon... si digne de tous mes respects... vous si digne d'être aimé!! oh! c'est avoir outragé plus qu'un homme.

RAIMBAULT, la relevant et la faisant asseoir.

Point d'abaissement, Élisabeth... Allons, relevez-vous... essuyez vos larmes... ne voyez-vous pas que j'ai besoin de tout mon courage pour supporter cette explication qui nous fait tant de mal à tous deux, et qui pour tous deux est nécessaire?... car il faut que, moi aussi, je me justifie.

ÉLISABETH, avec étonnement.

Vous!

RAIMBAULT.

Sans doute; est-ce que mon silence n'a pas, à vos yeux, l'apparence d'une lâcheté? est-ce que vous ne trouvez pas que j'ai été faible et méprisable?

ÉLISABETH.

Oh! vous avez été noble et bon comme Dieu qui pardonne.

RAIMBAULT.

Oui, j'ai pardonné... mais d'abord, Élisabeth, vous l'avez dit, d'abord j'ai voulu vous tuer.

ÉLISABETH.

J'aurais béni le coup qui m'eût donné la mort... car du jour où j'ai compris toute l'énormité de mon crime... j'en ai détesté le souvenir, j'ai détesté la vie.

RAIMBAULT.

Je vous devais tout, Élisabeth... ma fortune, mon honneur, l'honneur de mon père... je m'en suis souvenu. Je me suis souvenu de ces dernières et solennelles paroles que vous m'aviez adressées la veille de notre mariage: « J'ai aimé, me disiez-vous, mais cet amour n'est plus qu'un souvenir; cet amour qui chaque jour s'éteint, bientôt, disiez-vous, je l'étoufferai en voyant toujours auprès de moi l'homme que j'aurai nommé mon époux!... » Eh bien! c'est ma faute!... vous aviez besoin de moi pour vous soutenir... vous me l'aviez dit... et je l'ai oublié!... et j'ai cédé à de misérables calculs d'intérêt qui m'appelaient loin de vous!

ÉLISABETH.

Oui! vous m'avez laissée, moi, pauvre femme en butte à mes souvenirs... et puis un autre est venu, que je ne croyais plus revoir... il est venu me dire qu'on l'avait calomnié, qu'il était libre encore... et j'étais seule à lutter contre lui!... Oh! pourquoi ce fatal voyage!

RAIMBAULT.

Tout cela est vrai, et pourtant ce n'est pas là seulement ce qui a pu vous absoudre à mes yeux; savez-vous? Élisabeth, ce qui a fait que j'ai pu me taire? savez-vous ce qui m'a donné du courage pour supporter mon affront?... L'époux se serait vengé peut-être, le père a pardonné... Oui, le père! car à l'époque où cette lettre est tombée en mes mains, Eugène avait cinq ans... c'est-à-dire que depuis cinq ans je me faisais un bonheur, une gloire de réunir sur cet enfant, que je croyais le mien... tout ce qu'un homme peut concevoir de nobles espérances!... et il eût fallu briser en un moment ces liens si doux de père et de fils, étouffer dans mon cœur tout ce que j'y

trouvais d'amour pour cet enfant, et mettre à la place la haine qu'on ressent pour un étranger!... Non, non, j'avais besoin de son amour, j'avais besoin de le nommer mon fils.

ÉLISABETH.

Oh! merci de n'avoir pas fait payer à l'enfant le crime de sa mère.

RAIMBAULT.

C'était le crime d'un seul homme, un seul homme devait l'expier, celui qui, vivant, aurai pu venir se placer entre Eugène et moi; tuer cet homme c'était justice, j'ai fait justice.

ÉLISABETH, vivement.

Vous!

RAIMBAULT.

Moi! Le 20 octobre 1815, Adrien de Lestrelles a été tué en duel par Jacques Raimbault...

ÉLISABETH.

En duel! vous vous êtes battu en duel, monsieur? et vous avez tué!... oh! que Dieu me pardonne le sang que vous avez versé!...

RAIMBAULT, sévèrement.

Des regrets sur cet homme!

ÉLISABETH.

Non, monsieur!... des remords sur ma faute... Sans doute vous avez le droit de calomnier mes larmes; mais si bas que je sois tombée dans votre estime... ne me refusez pas le seul mérite que je puis avoir encore, celui d'un repentir sincère. Ah! s'il y a sur la terre ou dans le ciel un peu de pitié pour ceux qui pleurent et qui souffrent... je dois l'obtenir, monsieur, car depuis vingt ans je souffre et je pleure.

RAIMBAULT.

Cette lettre est la seule preuve... la seule, n'est-ce pas?... car aucune autre n'existe?

ÉLISABETH.

Aucune!... je vous le jure.

RAIMBAULT prend la lettre, l'approche de la bougie, la brûle et dit :

Qui a droit de dire maintenant qu'Élisabeth Raimbault a failli?

ÉLISABETH.

Dieu... et vous.

RAIMBAULT.

Moi... je ne m'en souviens plus; Dieu vous a pardonné. Venez, Élisabeth, sur le cœur de votre époux... et comme par le passé continuons à vivre pour notre enfant!

(Il la reçoit dans ses bras.)

SCÈNE VIII.

LES MÊMES, EUGÈNE.

EUGÈNE, entrant sur les dernières paroles de Raimbault.

Oui, et sur-tout vivez long-temps; vivez toujours, car pourra-t-il jamais se passer de vous?...

RAIMBAULT, à part, avec effroi.

Eugène !

ÉLISABETH, de même.

Il sait tout.

(Raimbault et Elisabeth se regardent avec terreur.)

EUGÈNE, très gaîment.

Ah! mon Dieu! qu'avez-vous donc tous les deux? On dirait que vous avez pleuré. (Apercevant le secrétaire chargé de papiers.) Ah! je devine... Mon père a voulu mettre ses affaires en ordre; et puis quand il s'est trouvé au milieu de ses vieux comptes... de ses vieilles paperasses... de tous ces vieux souvenirs qu'il va falloir quitter... il n'a pas pu y tenir, n'est-ce pas?... Eh bien! quand je te disais dernièrement que ça te ferait de la peine de renoncer... tu riais... tu faisais le brave...

RAIMBAULT.

J'avais tort...

EUGÈNE.

Oh! je connais ça... enfin moi-même... je sens mon cœur se serrer quand je pense qu'il faut dire adieu à notre belle fabrique... Mais bah! pour me consoler, je pense aussi que nous ne nous quitterons jamais, nous! n'est-ce pas?

RAIMBAULT, l'embrassant.

Oh! non... non... mon enfant, nous ne nous quitterons pas! Embrasse ta mère.

ÉLISABETH.

Mon Eugène !...

EUGÈNE.

Ma mère, je venais vous rappeler que le papa Girême ne peut pas tarder à revenir pour nous prendre... Vous avez dit à mon père?...

RAIMBAULT, vivement.

Oui, ta mère m'a tout dit.

EUGÈNE.

Eh bien! je vais faire atteler, n'est-ce pas?

RAIMBAULT.

C'est cela; allez tous les deux... je ferme mon secrétaire, et je vous rejoins.

(Élisabeth et Eugène sortent par la gauche.)

SCÈNE IX.

RAIMBAULT, NICOLAS.

(Pendant que Raimbault est à son bureau, Nicolas entre par le fond, sans le voir d'abord.)

NICOLAS.

Mon homme ne revient pas, je commence... (Apercevant Raimbault.) Le bourgeois... oh! que j'suis bête!

RAIMBAULT, se tournant.

Ah!... c'est toi, Nicolas... que veux-tu?...

NICOLAS, interdit.

Je... je ne veux rien, bourgeois... je m'en vas, c'est là tout ce que je voulais.

RAIMBAULT.

Comment, comment, tu t'en vas?... je ne te renvoie pas...

NICOLAS.

Oh! j'sais ben, bourgeois, que... mais... j'm'en vas... une idée comme ça que j'ai... vu que... je m'en vas...

RAIMBAULT.

Que... mais... vu que... j'm'en vas... où prends-tu tes discours et ta figure aujourd'hui? (Suivant la direction des yeux de Nicolas qui, involontairement, regarde vers la cheminée.) Que regardes-tu là?... Le portrait d'Eugène n'est plus à sa place... c'est toi qui l'as pris?...

NICOLAS, les yeux à terre.

Non, bourgeois.

RAIMBAULT.

Qui donc?...

NICOLAS, de même.

Je ne sais pas... un homme...

RAIMBAULT, surpris.

Un étranger?... devant toi?

NICOLAS.

Tenez, bourgeois, j'aime mieux vous dire la chose tout rondement... aussi bien j'ai ça depuis c'matin sur le cœur... ça me fait l'effet d'une indigestion.

RAIMBAULT.

Quel préambule!... mais tu vas me faire peur.

NICOLAS.

Le fait est, bourgeois, que ce matin il est venu un amateur visiter la fabrique. Tout en causant de la maison et de ses dépendances, nous sommes venus à parler de mon Eugène... de mon frère de lait... Notre homme a voulu voir son portrait : en y touchant (faut croire qu'il est ben maladroit de ses mains) il l'a laissé tomber... et ma foi, le verre et le médaillon sont en bringues !... Voilà !...

RAIMBAULT.

Est-ce tout?...

NICOLAS.

C'est déja ben honnête... mais une autre bêtise, c'est qu'aujourd'hui dimanche, comme j'étais seul ici, j'voulais pas laisser la maison... et ma foi!... comme j'avais hâte de voir mon frère de lait raccommodé et remis sous verre, comme il mérite de l'être à tous égards, j'ai permis que l'amateur s'en *soye* chargé... et...

RAIMBAULT.

Il l'a emporté!... un étranger!

NICOLAS.

Pour la journée seulement... et puis s'il vous plaît... j'ai pris mes précautions... je me suis fait donner un gage .. Voilà!

(Il lui présente la boîte d'or.)

RAIMBAULT.

Oh! oh! un pareil bijou!... sois tranquille, on te rendra ton portrait.

NICOLAS.

Avec ça qu'il y a un homme dans c'tte
boîte...

RAIMBAULT, l'ouvrant.

Un portrait?... (A part.) Je connais cette figure!...

NICOLAS.

Vous dites?...

RAIMBAULT.

Rien ! j'examine... (A part.) Oh! quel souvenir!... cet homme... je ne l'ai vu qu'une
fois... mais...

NICOLAS.

Eh ben ! bourgeois, je vous laisse et la boîte
avec... Quand l' particulier va revenir, c'est
vous qu'il retrouvera ?

RAIMBAULT.

Moi qui le recevrai... oui.

NICOLAS, à part.

Fameux! C'est plus moi qui en réponds...
je dînerai quand on voudra... j'ai maintenant
l'estomac libre comme l'air.

(Il sort par le fond.)

SCÈNE X.

RAIMBAULT, seul, les yeux attachés sur le portrait.

C'est bien lui! Une inscription anglaise! (Il
lit.) « A la mémoire de Gaëtan de Castellane,
mort le 20 octobre 1815, victime de son dévouement et de son amitié. » Le 20 octobre 1815 ! Le même jour de la même année !...
(Regardant le portrait.) Et c'est bien cet homme-là
qui est tombé sous mes coups... je le reconnais !
et cet homme s'appelle Castellane ! quel étran-
ge soupçon! Ce portrait... que vois-je?... ici le
nom du peintre... de Lestrelles!... Grand Dieu!
ma vengeance s'est-elle donc trompée?... oh !
mes souvenirs m'éclairent... Ce qu'à Paris j'ai
entendu dire d'Adrien... Il serait vivant !... oui,
je me rappelle encore... le jour et au moment
du duel, j'ai parlé à un homme qui se disait
l'ami de la victime... Cet homme, c'était
Adrien, peut-être !... Oh! lui aussi, je le re-
connaîtrais... (Adrien entre par le fond.) Le voilà !

SCÈNE XI.

RAIMBAULT, ADRIEN.

ADRIEN, apercevant Raimbault.

Dieu!

RAIMBAULT.

Ce n'est pas moi que vous cherchiez, n'est-
ce pas?... pourtant vous avez à me restituer le
portrait de mon... un portrait enfin... donnez.
(Il prend le portrait qu'Adrien lui présente.) Moi, j'ai
à vous rendre celui de votre ami Gaëtan de
Castellane , tué pour vous... mais en revanche
peint par vous, et signé de vous, vicomte
Adrien de Lestrelles!...

ADRIEN.

Monsieur !...

RAIMBAULT.

Ah! vous allez dire peut-être que je me
trompe? vous aurez bien ce front, si c'est le seul
moyen de vous sauver... vous qui, pour échap-
per à la mort, avez eu la lâcheté de laisser combattre et mourir à votre place celui que vous
appeliez votre ami !

ADRIEN, vivement.

Gaëtan s'est sacrifié, monsieur, sans que
j'aie su...

RAIMBAULT, triomphant.

Vous avouez donc enfin que c'est Gaëtan,
non pas Adrien, que j'ai tué ! Il y a quinze ans
de cela, monsieur le vicomte; ne tardons pas
plus long-temps à réparer une erreur bien involontaire, je vous jure. (Il a été mettre le verrou
à la porte de sa femme.) A nous deux aujourd'hui.

ADRIEN.

Eh quoi! vous prétendez ?

RAIMBAULT.

Me battre avec vous qui m'avez déshonoré ,
flétri dans mes affections les plus chères, avec
vous qui êtes de trop dans le monde, puisque
j'y suis encore, puisque vous pouvez venir vous
jeter entre moi et mon fils, et lui dire : « Cet
homme-là n'est pas ton père, renie-le ! »

ADRIEN.

Oh! monsieur! quel odieux soupçon!

RAIMBAULT, très amèrement.

C'est votre droit, monsieur, et vous êtes lâche encore si vous n'en usez pas !

ADRIEN.

Monsieur... monsieur... n'appelez pas cela
lâcheté... je ne suis pas un lâche !... je m'éloi-
gnerai, je quitterai Lyon pour n'y plus revenir...

RAIMBAULT, violemment.

Vous y avez reparu deux fois, monsieur...
c'est trop pour mon repos, pour mon honneur...
il faut que nous nous battions.

ADRIEN, froidement.

Vous m'assassinerez donc... car je n'accepte
pas de duel avec vous.

RAIMBAULT.

Trève de grands mots, mon gentilhomme;
je n'assassine pas moi; mais, dans cette que-
relle, non pas d'époux offensé à amant heureux, mais de père contre père, il faut pourtant que vous défendiez vos droits comme je
soutiendrai les miens... ainsi vous vous bat-
trez, oui, tu te battras... et la preuve la voici !...

(Il fait le geste de lui donner un soufflet; Adrien lui arrête
la main au moment où elle va toucher sa joue.)

ADRIEN, hors de lui.

Un soufflet !... oh! soyez satisfait... car
maintenant il faut... oui... il faut que nous nous
battions... votre heure, vos armes, vos témoins?

RAIMBAULT.

Mon heure? à l'instant. Mes armes? les vôtres. Mes témoins? allons donc! vous n'y pensez pas... Eh! que leur dirions-nous? ce secret que nous voulons éteindre dans le sang? entre nous pas de témoins, mais Dieu qui nous juge!...

ADRIEN.

Eh bien donc! pas de témoins.

(Il se dirige vers la porte du fond.)

RAIMBAULT, l'arrêtant.

Que tout le monde ignore notre départ; passons par mon appartement; un escalier dérobé a nous cacher à tous les yeux.

ADRIEN.

Je vous suis.

(Ils sortent par la droite.)

SCÈNE XII.

GIRÉME, entrant du fond.

Personne!... on n'est guères pressé de diner dans cette maison-ci. Il est pourtant six heures à ma montre... et à mon estomac; nous ne serons pas à table avant sept heures... le diable emporte les retardataires! Je crois qu'il vaudrait mieux pour la santé ne pas diner du tout, que de ne pas diner à heure fixe. (Entendant du bruit à la porte de gauche.) Ah! enfin! (On frappe à la même porte.) Eh bien!... qu'est-ce que c'est?... on ne peut pas ouvrir?

ÉLISABETH, en dehors.

Êtes-vous là, mon ami?... ouvrez-moi, je vous prie.

Giréme va pousser le verrou. La pluie commence à tomber.)

SCÈNE XIII.

GIRÉME, ÉLISABETH.

GIRÉME.

Dieu me pardonne! vous étiez enfermée... Eh bien! partons-nous?

ÉLISABETH.

J'attends M. Raimbault; est-il prêt?

GIRÉME.

C'est la question que j'allais vous adresser: Est-il prêt?

ÉLISABETH.

Vous ne l'avez pas vu?

GIRÈME.

Je n'ai vu personne que vous; il est chez lui sans doute; avertissez-le donc qu'il va nous faire diner à une heure... inconstitutionnelle.

ÉLISABETH, un peu embarrassée.

Docteur... veuillez vous-même entrer chez mon mari.

GIRÉME.

Ah! fort bien! vous pensez qu'un mari aime mieux être dérangé par un ami que par sa femme. (Il frappe légèrement à la porte de droite.) Raimbault... mon ami... nous n'attendons plus que vous... Raimbault...

ÉLISABETH.

Pas de réponse... n'est-il pas là?

(Elle entre chez Raimbault.)

GIRÉME, riant.

Ah! la curiosité féminine l'a bien vite emporté. (A Élisabeth qui reparait.) Eh bien?

ÉLISABETH.

Personne!... C'est singulier... il sera descendu.

SCÈNE XIV.

LES MÊMES, NICOLAS.

NICOLAS.

Bourgeoise, quand on voudra partir... la voiture est prête; j'vas prévenir le bourgeois et mon frère de lait.

ÉLISABETH.

M. Raimbault n'était-il pas avec vous?

NICOLAS.

Non, madame Raimbault; j'viens d'atteler tout seul, j'ai laissé l'patron ici tout-à-l'heure... j'l'ai pas revu depuis.

ÉLISABETH.

Peut-être vous ne l'avez pas vu sortir?

NICOLAS.

Impossible!... j'barrais la porte avec ma voiture (Se ravisant.) A moins cependant...

(Il entre chez Raimbault.)

GIRÉME.

Mais je ne vois pas Eugène non plus? ils sont partis ensemble peut-être...

ÉLISABETH.

Eugène est là... chez moi... il attendait son père.

NICOLAS, rentrant vivement.

Bourgeoise... j'ai le mot maintenant: M. Raimbault sera sorti par le petit escalier; la porte est fermée à deux tours en dehors, le verrou n'est pas mis en dedans... et la clef n'est pas à sa place.

ÉLISABETH.

Sorti... en secret... et sans rien dire!... quand nous l'attendons...

GIRÉME.

Et par un temps pareil... ça n'est pas naturel. (Pendant ce temps la pluie a redoublé. Bruit confus de voix au dehors.)

ÉLISABETH.

Quel est ce bruit?

NICOLAS, qui s'est approché de la fenêtre.

Tiens!... tiens!... tout ce monde... qu'est-ce qu'ils portent là?... un brancard... et dessus... Dieu du ciel!... un cadavre!..

ÉLISABETH.

Un cadavre... dites-vous? Et c'est ici qu'on l'apporte?

(Elle veut aller à la fenêtre.)

NICOLAS, qui regarde toujours.

Ah! mon Dieu!... qu'est-ce que j'ai vu! (Arrêtant Élisabeth.) Madame, madame n'approchez pas!...

GIRÈME.

Qu'y a-t-il?

ÉLISABETH.

Laissez-moi!...

NICOLAS.

Éloignez-vous, madame... on monte l'escalier... ne restez pas ici.

ÉLISABETH.

Vous me faites mourir... je veux rester... je veux... ah!... c'est lui!...

(En ce moment la foule paraît à la porte du fond. Des porteurs déposent à l'entrée de l'appartement une civière sur laquelle est étendu le cadavre sanglant de Raimbault. A cette vue, Élisabeth est tombée privée de sentiment, entre les mains de Nicolas. Eugène entre de la gauche.)

SCÈNE XV.

LES MÊMES, RAIMBAULT, PEUPLE, EUGÈNE.

EUGÈNE, entrant.

Pourquoi ces cris? (Apercevant le cadavre.) Mon père! mon père assassiné! du secours...

du secours... il respire encore peut-être. (A ceux qui l'entourent.) Mais allez, courez donc... un médecin! (Reconnaissant Girème, qui s'est approché du cadavre et l'examine.) Ah! c'est vous... monsieur Girème!... vous, son ami... vous le sauverez, n'est-ce pas? dites-moi que vous sauverez mon père!

GIRÈME, tristement.

Il est mort.

EUGÈNE, tombant à genoux.

Mort... mon père... mon père chéri!... oh! mais cela n'est pas... réponds-moi, père, c'est moi... c'est ton Eugène qui t'appelle!... rien!... Oh! mort!... mort!... mais qui l'a tué, mon Dieu? lui si bon!... oh! dites, vous qui me rapportez le corps sanglant et froid de mon père, dites-moi le nom du meurtrier!... vous ne répondez pas?... oh! je le saurai, moi... se cachât-il au fond des enfers, je le découvrirai l'assassin! et, comme il a tué mon père, je le jure ici, devant tous, je le tuerai!...

(Il tombe épuisé sur le corps de Raimbault; Nicolas s'efforce de l'en arracher. Girème et quelques personnes s'empressent autour d'Élisabeth. — La toile tombe.)

ACTE TROISIÈME.

Au village de Saint-Rambert, près de Lyon. Partie du parc tenant à l'habitation de madame Raimbault. A gauche de l'acteur, l'entrée d'un bosquet formé d'arbustes funéraires; à l'entour, des fleurs cultivées avec soin. Près et en face de l'entrée du bosquet, un banc de gazon. A droite, un pavillon isolé. Au fond, à gauche, la maison de madame Raimbault.

SCÈNE I.

EUGÈNE, seul.

(Au lever du rideau, il est assis sur le banc en face du tombeau.)

Quatre ans passés en recherches inutiles!... quatre ans!... et tu n'es pas encore vengé, père! pas de preuves! aucun autre indice que celui trouvé près de ton cadavre... ce pistolet, marqué de deux initiales qui semblaient devoir me révéler le nom du meurtrier, et qui ne m'ont encore rien appris. Suivi de mon fidèle Nicolas, j'ai employé trois années à parcourir la France, l'Angleterre, l'Europe... nulle part je n'ai trouvé l'assassin!... n'était-ce pas mon devoir alors de revenir ici, dans ce village de Saint-Rambert, aux portes de Lyon, près de ma mère... et près de toi aussi, mon père?... pardonne-moi si, en perdant l'espoir de la vengeance, j'ai senti s'en affaiblir en moi le désir... si même un autre sentiment a pu trouver place en mon cœur. Cette jeune fille, à laquelle il m'arrive de rêver, même en face de ta tombe... si tu l'avais connue, père, et toi aussi, tu l'aurais aimée!

(Luidgina paraît à la porte du pavillon.)

SCÈNE II.

LUIDGINA, EUGÈNE.

LUIDGINA, à part, apercevant Eugène.

Encore là! près du tombeau de son père!... (Elle s'avance doucement derrière lui pendant qu'il continue à parler.)

EUGÈNE.

Tu aurais voulu dans ta fille, cette gaîté naïve, cette franchise aimable... et toi aussi, tu m'aurais dit: Aime-la.

LUIDGINA, se penchant sur son épaule.

Qui ça?

EUGÈNE, se retournant.

Vous m'écoutiez!

LUIDGINA.

Je vous demande qui l'on vous aurait dit d'aimer?

EUGÈNE.

Vous, Luidgina.

LUIDGINA.

Bien vrai, c'est de moi que vous parliez?...

EUGÈNE.

A vous que je pensais.

LUIDGINA.

Et vous avez les yeux tout humides... alors, monsieur, je vous défends de penser à moi.

EUGÈNE.

Ne pas penser à ceux qu'on aime!

LUIDGINA.

Si vous m'aimiez, vous seriez plus gai en pensant à moi. Quand je pense à vous, et j'y pense très souvent, monsieur... je ne pleure pas, car je suis heureuse... c'est que je vous aime moi... mais vous...

EUGÈNE.

Oh! pardonnez - moi cette froideur apparente. Depuis la mort de mon père, je ne vivais que pour la vengeance et les regrets; toutes mes affections s'étaient concentrées sur ce marbre; je croyais que ma vie ne pouvait plus être qu'un long deuil. Mais en vous voyant, Luidgina... je compris qu'il pouvait encore y avoir place en mon ame pour un sentiment de bonheur... que je pouvais aimer! Ce sentiment nouveau je l'enfermai en moi... je mêlai mon amour à ma douleur; ce fut-là ma vie... mais ma vie intérieure et cachée; et maintenant encore, au moment d'avouer à ma mère que j'ai admis l'amour à partager, dans mon cœur, la place que ma douleur y occupait seule, j'éprouve, je ne dis pas de la honte, mais une sorte d'embarras involontaire... mais ne dites plus, Luidgina, que je ne vous aime pas... car à vous, même en face de ce tombeau, j'ose le dire... Luidgina, je vous aime... Luidgina, je veux être votre époux!...

LUIDGINA.

A la bonne heure, monsieur... voilà qui s'appelle parler... Je m'en doutais bien un peu, mais encore fallait-il que vous même... Savez-vous qu'un plus long silence me mettait dans une singulière position... moi qui ce matin, ai tout avoué à votre mère.

EUGÈNE.

Vous avez dit à ma mère...

LUIDGINA.

Que nous nous aimons; et j'ai bien fait, je pense?... car enfin la honte pouvait vous tenir encore long-temps... et comme mon tuteur est arrivé d'hier soir...

EUGÈNE.

M. de Castellane est de retour? J'ai hâte de le connaître. Quand, il y a six mois, il fit l'acquisition, dans notre voisinage, d'une maison où il vous installa avec votre vieille gouvernante, je n'eus pas même l'occasion de le voir : des affaires de haute importance le rappelaient à Paris. Depuis ce jour, un heureux hasard me fit vous rencontrer dans mes promenades du matin.

LUIDGINA.

Mais non pas me parler... et, si j'avais eu peur de vous comme vous de moi, nous en serions encore à nous adresser la première pa-

role. Heureusement j'avais remarqué ce pavillon qui tient à votre parc; il me paraissait merveilleusement situé pour quelqu'un qui aurait le goût de la peinture; c'est le délassement favori de mon tuteur : j'eus l'idée, pendant son absence, de lui transformer ce charmant réduit en atelier.

EUGÈNE.

J'avais le bonheur d'être propriétaire; la connaissance fut bientôt faite.

LUIDGINA.

Et, à ce propos, je me souviens que vous vous êtes chargé pour moi d'un achat de couleurs, crayons, etc., etc. Depuis deux jours, j'ai fait transporter dans ce pavillon tout ce qui doit servir à le décorer, à le meubler... je n'attends plus qu'après vous... vous êtes en retard.

EUGÈNE.

Ah! vous avez agi sans moi?... c'est une trahison, je voulais vous aider... Quant à votre commission, j'ai envoyé Nicolas à Lyon tout exprès pour cela : il est parti depuis six jours, mais il revient, je crois, aujourd'hui. Une indisposition subite de sa vieille mère a seule retardé son retour.

LUIDGINA.

J'aperçois madame Raimbault : elle est exacte au rendez-vous.

EUGÈNE.

Quel rendez-vous?

LUIDGINA.

Ne vous ai-je pas dit que je lui ai parlé ce matin? J'avais aussi parlé à mon tuteur... qui tout de suite a désiré la voir; c'est ici qu'on doit se rencontrer. Je cours le prévenir.

(Elle sort par la droite. Élisabeth entre par la gauche.)

SCÈNE III.

ÉLISABETH, EUGÈNE.

ÉLISABETH.

N'est-ce pas Luidgina qui s'enfuit à mon approche?

EUGÈNE.

Elle ne vous fuit pas, ma mère; elle court prévenir quelqu'un que vous deviez trouver ici.

ÉLISABETH.

Ah! elle t'a dit?...

EUGÈNE.

Oui, bonne mère, elle m'a dit que vous allez vous occuper du bonheur de votre fils.

ÉLISABETH.

Cela est donc bien vrai, mon Eugène? c'est donc ton bonheur?... Oh! que je suis heureuse de te voir renoncer à tes idées noires!

EUGÈNE.

Renoncer au souvenir de mon père?... oh! jamais!

ÉLISABETH.

Au moins tu ne pleureras plus?

EUGÈNE.

Toujours!... seulement nous pleurerons à deux.

ÉLISABETH.

Et moi!... je n'étais donc pas digne de partager tes douleurs?

EUGÈNE.

Ma mère!

ÉLISABETH.

Sais-tu, mon ami, que j'aurais droit de te faire des reproches? Souvent tu t'isoles de moi; tu t'affliges tout seul... ou, si parfois tu consens à laisser lire dans ton cœur, c'est à d'autres que moi que tu l'ouvres... Mon Eugène, mon fils... je ne veux pas te faire de peine, moi... mais j'ai besoin de te dire tout cela... parceque tout cela me rend malheureuse... et que, si je ne te le dis pas, à toi, mon enfant... à toi qui me restes seul au monde, il faut que toutes ces tristes pensées retombent sur mon pauvre cœur et le brisent!!!

(Elle pleure.)

EUGÈNE.

Des larmes! vous, ma mère!... oh! je suis donc bien coupable!

ÉLISABETH.

Pardonne-moi, mon ami... je n'ai pas été maîtresse...

EUGÈNE.

Des larmes! mon Dieu!... On vient... M. de Castellane, sans doute...

ÉLISABETH.

Un étranger! il verrait mes pleurs et mon fils près de moi... Oh! ne reste pas... va-t'en... je le veux.

EUGÈNE.

Je me retire, ma mère... mais je reviens bientôt.

(Il sort par la gauche.)

SCÈNE IV.

ÉLISABETH, ADRIEN.

ADRIEN, saluant Élisabeth qui s'est détournée un instant.

Madame.

ÉLISABETH, feignant la surprise.

Pardon, monsieur.. je ne vous savais pas là...

(Elle salue.)

ADRIEN.

Me reconnaissez-vous, madame?

ÉLISABETH.

Monsieur... (Elle le regarde.) Que vois-je?

ADRIEN.

Je demande, Élisabeth, si vous me reconnaissez?

ÉLISABETH.

Cette voix!... ces traits! O mon Dieu!... est-ce vous... est-ce vous, monsieur de Lestrelles?

ADRIEN.

Oui, c'est moi, votre ami... le père de votre enfant!...

ÉLISABETH.

Vous, grand Dieu! vous!... c'est un rêve!

ADRIEN.

Non, ces bruits de mort étaient faux... un autre que moi, un ami généreux, s'est noblement sacrifié...

ÉLISABETH.

Et je vous revois... vivant! vous que depuis vingt ans... vous, Adrien!

ADRIEN, tombant à genoux, et lui embrassant les mains qu'Élisabeth lui présente.

Élisabeth!

ÉLISABETH.

O mon Dieu!... mon Dieu! vous me pardonnerez ma joie... Aujourd'hui sa présence ici n'est plus une insulte pour personne... et c'est le père de mon fils!... Mais pourquoi avoir tardé si long-temps...

ADRIEN.

A me faire connaître? Je voulais, Élisabeth, avant de me trouver en face de notre Eugène, avoir des droits à son attachement. Il y a six mois, je n'eusse été pour lui qu'un étranger; aujourd'hui, puisqu'il aime ma Luidgina, il doit m'aimer aussi.

ÉLISABETH.

Oui, votre cœur vous a bien conseillé... le mariage de notre fils et de Luidgina fera le bonheur de ces deux enfants; et tous vos vœux seront comblés, n'est-ce pas?

ADRIEN.

Tous... un seul excepté.

ÉLISABETH, étonnée.

Un seul, dites-vous?...

ADRIEN.

Oh! ne craignez pas de m'entendre, Élisabeth... je ne chercherai pas à réveiller des souvenirs qui ne sont plus; ce n'est pas quand l'âge, autant que le chagrin, fait chaque jour blanchir mes cheveux, que je vous entretiendrai d'un amour qui ne serait plus qu'insensé... non, ce n'est pas un amant, c'est un père qui vous parle... Élisabeth, du jour où vous m'avez révélé la naissance de mon enfant, il ne m'est resté au cœur qu'un desir... celui de le voir, de le connaître! Et, maintenant que je touche à ce bonheur tant souhaité, savez-vous ce qui va devenir la pensée de ma vie, le rêve de tous mes instants?...

ÉLISABETH.

Parlez.

ADRIEN.

C'est d'arriver, enfin, au moment où je pourrai lui dire, non plus seulement mon ami, non plus Eugène... mais ce mot si doux à prononcer pour un père... mon fils!...

ÉLISABETH.

Eh bien! son mariage avec votre fille...

ADRIEN.

Luidgina n'est que ma fille d'adoption; ce

mariage me donne tout au plus le droit d'appeler Eugène mon gendre; et cependant... aujourd'hui, Élisabeth... vous êtes libre...

ÉLISABETH.

Libre!... (*Apercevant Eugène.*) Voici mon fils!

(*Elle fait quelques pas au-devant de lui.*)

SCÈNE V.

Les Mêmes, EUGÈNE.

ADRIEN, *à part, regardant venir Eugène.*

C'est bien lui!... je le reconnais... c'est bien ce portrait qui m'a coûté si cher!

ÉLISABETH.

Mon fils, je retrouve dans M. de Lestrelles un ancien ami, un ami d'il y a trente ans.

EUGÈNE.

M. de Lestrelles?

ADRIEN.

C'était le nom de mon père; celui que je portais, enfant, lorsque je connus madame Raimbault, qui était alors mademoiselle Élisabeth Nanteuil. Des circonstances, qu'il serait trop long de rappeler ici, m'ont amené à remplacer ce nom par celui de Castellane... Jugez de notre surprise à tous deux en nous retrouvant ici.

EUGÈNE.

Monsieur, si ma mère vous a dit tout ce qu'elle avait à vous dire, vous savez maintenant qu'il ne tiendra qu'à vous que cette rencontre soit, pour nos deux familles, l'occasion d'un rapprochement durable.

ADRIEN.

D'un rapprochement plus complet peut-être que vous ne pensez.

EUGÈNE.

Plus complet?... c'est difficile.

ADRIEN.

Vous en jugerez. Mais d'abord... (*Lui tendant la main.*) puis-je compter sur votre amitié?

EUGÈNE.

Vous avez droit à mieux que cela... tout mon respect!...

ADRIEN.

Oh! je vous en prie... entre nous, pas de ces relations froides et cérémonieuses!... Tout ce que je vous demande, c'est une amitié bonne et franche, comme celle que je vous offre...

EUGÈNE, *lui donnant la main.*

Et que j'accepte de grand cœur.

ÉLISABETH, *à part.*

Que je suis heureuse!

ADRIEN..

C'est que voyez-vous, mon ami, mes souvenirs sur votre famille datent de loin. Je sais bien des choses, dont vous n'avez jamais entendu parler peut-être.

EUGÈNE.

Tant mieux! vous me conterez tout cela... vous me parlerez de mon père!

ADRIEN, *troublé.*

De votre père... de M. Raimbault... oui je peux vous en parler de M. Raimbault...

ÉLISABETH, *à part.*

Que va-t-il dire?

ADRIEN, *lentement.*

Je vous dirai comment s'est fait son mariage... et comment ce mariage aurait pu ne pas se faire.

EUGÈNE.

Je vous écoute.

ADRIEN.

Votre mère dira si mes souvenirs me trompent.

ÉLISABETH, *à part.*

O mon Dieu!

ADRIEN.

Chez les parents de mademoiselle Nanteuil était reçu un jeune homme du nom d'Adrien. Se voyant tous les jours, élevés pour ainsi dire ensemble, Élisabeth et Adrien s'aimèrent. Mais la jeune fille, riche il est vrai, était d'une famille de commerçants; le jeune homme au contraire était noble : son père vit ce qu'il appelait le danger; il quitta la ville, et partit emmenant son fils. Un an après, mademoiselle Nanteuil devenait madame Raimbault, car le bruit s'était répandu à Lyon qu'Adrien avait épousé, à Paris, l'héritière d'une noble famille. (*A Élisabeth.*) Tout cela n'est-il pas vrai, madame?

ÉLISABETH.

Tout cela est vrai.

ADRIEN.

Comme il est vrai aussi qu'on vous avait trompée sur le mariage d'Adrien; car vous le savez maintenant, le vicomte Adrien de Lestrelles n'a jamais été marié.

EUGÈNE, *vivement.*

Vous!... c'est vous?... et que prétendez-vous prouver par ce récit?

ADRIEN.

Que si mes parents n'avaient pas poussé à l'excès l'orgueil de la naissance, il est probable que votre mère, au lieu d'être madame Raimbault, s'appellerait aujourd'hui la vicomtesse de Lestrelles.

EUGÈNE, *avec une colère mal déguisée.*

Et puis aussi... que ce mariage, qui n'a pu se faire jadis, pourrait avoir lieu aujourd'hui peut-être?

ADRIEN, *interdit.*

Mais...

EUGÈNE.

Que vous pourriez épouser madame Raimbault... la veuve de mon père, n'est-ce pas?... (*Se tournant vers Élisabeth.*) Allons, ma mère, répondez à monsieur. Monsieur le vicomte ne pouvait mieux choisir ni le moment, ni le lieu pour faire une semblable demande ; vous lui répondrez, ma mère, ici même, en face du tombeau de mon père !

ADRIEN, effrayé.

Quoi ! c'est ici... sous cette pierre ?

ÉLISABETH, suppliante.

Eugène... mon ami... ne me regarde pas ainsi... tu m'épouvantes !

EUGÈNE.

Oubliez que je suis ici, ma mère... on vous demande de renoncer à votre nom, au nom de mon père... répondez sans redouter mes reproches ; car, je vous le répète, ce n'est pas moi qui vous écoute... c'est l'ombre de mon père assassiné !

ADRIEN.

Assassiné !... on prétend que M. Raimbault est mort assassiné ?

EUGÈNE.

Et sa mort n'est pas encore vengée. Dites maintenant, monsieur le vicomte, serez-vous si pressé de vous emparer d'une place devenue vacante par l'assassinat ?

ÉLISABETH.

Eugène, mon ami... calme-toi !... tes paroles sont bien dures... et pour M. de Lestrelles qui n'a pas voulu t'irriter... et pour moi ta mère que tu soupçonnes bien injustement de pouvoir manquer à mes devoirs.

EUGÈNE, s'adoucissant.

Pardon, ma mère... quand vous jugerez convenable de répondre...

ÉLISABETH.

Ma réponse est prête : pour rien au monde, je n'oublierais ce que je dois à la mémoire de mon époux.

EUGÈNE, à Adrien.

Vous entendez, monsieur, pour rien au monde. (A Élisabeth.) Oh ! merci... merci... vous êtes la digne veuve de mon noble père !

ADRIEN.

(A part, avec un soupir profond.) De son père ! (Haut.) monsieur Eugène, et vous, madame, pardonnez-moi si j'ai pu toucher imprudemment un sujet bien délicat sans doute. J'espère toutefois que cela ne changera rien à nos intentions communes touchant le mariage de ma pupille.

EUGÈNE, avec hésitation.

Monsieur, mes dispositions à cet égard...

ADRIEN.

Je ne veux pas les connaître encore. Quelques instants de solitude et de recueillement vous seront agréables peut-être ?... je vous laisse... je vais chercher ma Luidgina... et puis nous reviendrons vers vous... à bientôt.

ÉLISABETH, s'approchant d'Eugène.

Réfléchis, mon Eugène... et tâche d'être bien inspiré.

EUGÈNE, montrant le tombeau de son père.

Mes inspirations viennent de là, ma mère... elles ne m'ont jamais trompé.

ÉLISABETH, bas à Adrien, en se retirant.

Qu'avez-vous fait mon Dieu !

ADRIEN, se retirant.

Son père ! toujours son père !

(Adrien se retire par la droite, Élisabeth par la gauche.)

SCÈNE VI.

EUGÈNE, seul.

Il me tardait que cet homme fût parti ! Certes je ne le hais pas... Je ne puis haïr le père de Luidgina... Mais en vérité, où cet homme prend-il son audace ? Je le vois aujourd'hui pour la première fois... et il parle de prendre la place de mon père ! et j'ai pu l'entendre sans lui crier : « Plus rien de commun entre vous et moi... plus « de mariage avec votre pupille ! » O Luidgina... si j'ai pu me taire... c'est que je vous aime !... Qui vient encore ?...

SCÈNE VII.

EUGÈNE, NICOLAS, un paquet sous le bras.

EUGÈNE.

Enfin c'est toi !

NICOLAS.

C'est long n'est-ce pas, six jours ?... J'crois ben, quand j'suis une demi-journée sans vous voir, ça me fait l'effet d'un demi-siècle. Mais dam ! la pauvre mère Touchet était toute malade ; quand elle a vu son garçon chéri, ça l'a ressuscitée... l'troisième jour elle était sur pied... mais j'serais reparti tout de suite, qu'elle était capable de retomber pour ne plus se relever, la pauvre vieille ; et j'ai resté.

EUGÈNE.

Tu as bien fait.

NICOLAS.

Oh ! j'sais ben que vous auriez fait d'même à ma place. V'là tous mes achats : et ici rien de nouveau ?

EUGÈNE.

Beaucoup au contraire : Le tuteur de Luidgina est ici... et il est déjà question...

NICOLAS.

De mariage ?... j'm'en doutais. Vous aviez beau faire le discret, j'ai flairé ça d'une lieue, moi. Il paraît que l'tuteur a tout de suite compris la chose... c'est un bon enfant, et pas bête.

EUGÈNE.

Ce n'est pas tout. Le tuteur est un ancien ami de la famille de ma mère.

NICOLAS.

Ah ! comme ça se rencontre ! Belle chose que l'hasard.

EUGÈNE.

Autrefois même il a dû l'épouser.

NICOLAS.

Épouser la famille... oh ! que je suis bête !...

pouser la bourgeoise?... tiens... tiens... tiens!... a ne date pas d'avant-z-hier c' que vous me conez-là? Eh ben... dites donc... une idée... si l' œur leur-z-en disait encore aujourd'hui... et que l' brave homme de tuteur *soye* veuf comme otre mère... hein?...

EUGÈNE.

Et toi aussi, Nicolas?... comment ça ne te arait pas affreux, de penser que la veuve e mon père puisse devenir la femme d'un utre?

NICOLAS.

Écoutez donc mon frère de lait, si c'est vore avis... ça sera bientôt le mien, quoique je *oye* votre aîné de trois semaines, je ne réugne pas à le suivre : cependant je le trouve icieux votre avis. Car voyez-vous bien, le euvage... ça n'est pas réjouissant. Il faut pleuer les morts... bon! mais on ne peut pas vire que pour ça Que diable! vous aimez ben I. votre père... Vous respectez sa mémoire, omme moi aussi, je suis à genoux devant elle... Mais tout ça ne vous a pas empêché de remarquer que vous aviez là... une petite figure e voisine pas trop déchirée... et il n' faut que les yeux pour voir que la bourgeoise n'est ni l'âge, ni de figure à s'enterrer toute vivante... est une très superbe femme que la bourgeoise... t dam! les très superbes femmes ça trouve des aaris au possible.

EUGÈNE.

Cependant ma mère vient de déclarer, il n'y qu'un moment, que jamais un autre maiage...

NICOLAS.

Bah!... eh ben! elle aurait dit tout le conraire, que ça ne me surprendrait pas. Savezous que son existence ici n'est pas d'une gaîté olle?... pour toute société, le père Girème qui e bouge plus, depuis qu'il a la goutte... la mère Girème et son chat empaillé, qui n'est pas méhant, c'est vrai, mais un peu triste... et pour ivertissement la partie de boston en face de es polissonnes de têtes-là... il y a de quoi ire, je ne m'en défends pas... mais à la longue a devient molotone... et quand la molotonie en mêle, oh! alors, excusez, y a plus d'agréent...

EUGÈNE.

Tu as peut-être raison. Pauvre mère! je n'aais jamais pensé à tout cela.

NICOLAS.

Ah! dam... faut réfléchir, mon frère de lait... suis bête, moi, mais j'suis phisolophe... dies donc, où j'vas-t'y déposer tout ça?

EUGÈNE.

Dans ce pavillon. (Prenant le paquet sous le bras e Nicolas.) Tu n'as rien oublié?... (Sentant quelue chose contre sa poitrine.) Qu'as-tu là sous ta este?...

NICOLAS, découvrant l'entrée de sa poche et laissant voir le pommeau d'un pistolet.

Oh! ça... vous savez... c' qui ne me quitte jamais, dès que j'fais un petit bout de voyage... le pistolet...

EUGÈNE.

A quoi bon?... toutes nos recherches ont été inutiles...

NICOLAS.

On ne sait pas... enfin, si l'hasard voulait... faut pouvoir comparer.

EUGÈNE.

Allons, va tout mettre en ordre.

NICOLAS.

Et vous... pensez à ce que je vous ai dit... soyez comme moi, soyez phisolophe.

(Il entre dans le pavillon.)

SCÈNE VIII.

EUGÈNE, puis LUIDGINA, ADRIEN, et ensuite ÉLISABETH.

EUGÈNE, seul.

Il a raison, Nicolas... Je me suis emporté trop vite. Cette proposition, je suis heureux que ma mère l'ait repoussée; mais il était peut-être naturel qu'un ancien ami... j'ai été injuste...

LUIDGINA, s'approchant d'un air boudeur.

Eh bien, monsieur, qu'est-ce que j'apprends?... Nous sommes tous d'accord... il n'y a que vous...

EUGÈNE.

Que vous a-t-on dit de moi, Luidgina?

LUIDGINA.

Je ne le répéterai pas, monsieur... car je n'ai pas voulu le croire.

EUGÈNE.

Et voudrez-vous me croire, moi, si je vous dis que mon mariage avec vous comblera tous mes vœux.

LUIDGINA.

Mais ce n'est pas à moi seulement qu'il faut dire cela... (Montrant Élisabeth et Adrien qui se sont approchés.) c'est à votre mère, c'est à mon père aussi...

EUGÈNE.

C'est devant tous les deux que je le répète; c'est à votre père que je m'adresse maintenant : monsieur de Lestrelles, voulez-vous s m'accorder la main de votre fille?

ADRIEN, avec ivresse.

Si je le veux?... Oui... mon fils!

(Il prend la main de Luidgina qu'il va mettre dans celle d'Eugène, Nicolas sort du pavillon.)

SCÈNE IX.

LES MÊMES, NICOLAS.

NICOLAS, entrant rapidement.

Eugène, il faut que je vous parle!

EUGÈNE.

Que veux-tu?

NICOLAS, apercevant Adrien, à part.

Ah! mon Dieu!... qu'est-ce que je vois là?

ADRIEN, de même.

Je connais cet homme.

NICOLAS, à Eugène.

Renvoyez tout le monde... il faut que je vous parle.

EUGÈNE.

Plus tard.

NICOLAS.

A l'instant... au nom de votre père!...

EUGÈNE, bas.

De mon père! (Haut.) Monsieur le vicomte... mademoiselle... excusez-moi... je vous demande un moment...

ÉLISABETH, à Eugène.

Mon ami, ne peux-tu retarder?...

EUGÈNE.

Impossible.

ADRIEN.

Nous nous retirons...

ÉLISABETH, à Adrien.

Pardonnez-lui... je ne le quitte pas... Je veux savoir quel nouveau chagrin le tourmente.

(Elle reconduit Adrien et Luidgina, qui se retirent lentement par le fond, à gauche.)

SCÈNE X.

EUGÈNE, NICOLAS, puis ÉLISABETH.

NICOLAS.

Savez-vous quel est cet homme?... l'homme dont je vous ai raconté cent fois l'histoire... l'homme au portrait... l'homme qui n'a paru chez M. Raimbault qu'une seule fois... le jour où M. Raimbault fut assassiné.

EUGÈNE.

Est-il possible!

NICOLAS.

Tout ce qui est là... dans ce pavillon... appartient à cet homme?...

EUGÈNE.

Tout.

NICOLAS.

Savez-vous ce que je viens d'y trouver?... le pistolet après lequel nous avons trimé trois ans. Voyez!

(Il montre les deux pistolets.)

EUGÈNE, les regardant.

Oh! mon Dieu!

ÉLISABETH, qui est rentrée.

Que vois-je!... des armes!

EUGÈNE, lui présentant les pistolets.

Les reconnaissez-vous?

ÉLISABETH, avec terreur.

L'un des deux a tué ton père!

EUGÈNE.

Et l'autre... vous saurez où l'on a trouvé l'autre.

ÉLISABETH.

Que vas-tu faire?

EUGÈNE.

Nicolas, va charger ces armes... et reviens.

NICOLAS.

Pas seul. Et si notre homme a l'air de broncher, je ne fais ni une ni deux, je l'étends à mes pieds.

(Il sort.)

SCÈNE XI.

ÉLISABETH, EUGÈNE.

ÉLISABETH.

Eugène, quel est ton dessein?

EUGÈNE.

Vous le saurez... mais éloignez-vous!

ÉLISABETH.

M'éloigner! quand je te vois dans un tel désordre! Eugène... au nom du ciel... que veux-tu faire?

EUGÈNE.

Justice.

ÉLISABETH.

De qui?

EUGÈNE.

De l'assassin de mon père.

ÉLISABETH.

Tu le connais?... Son nom?

EUGÈNE.

Adrien de Lestrelles!

ÉLISABETH.

Horreur!... Qui dit cela?

EUGÈNE.

J'ai les preuves... et lui-même il va l'avouer... là... tout à l'heure... avant que je le tue!...

ÉLISABETH.

Le tuer!... toi...

EUGÈNE.

Comme il a tué mon père... je l'ai juré...

ÉLISABETH.

Mais tu ne peux tuer M. de Lestrelles!

EUGÈNE.

Et pourquoi? parcequ'il est le père de Luidgina? parcequ'il dut être votre époux? Mais il est l'assassin de mon père... Il mourra vous dis-je?...

ÉLISABETH, tombant à ses genoux.

Oh! non... non... pas de ta main... c'est impossible... Si tu savais!... Lui le meurtrier!.. toi... le bourreau!... Oh, dis moi que cela n'est pas... il n'a pas tué mon époux?

EUGÈNE.

Il l'a assassiné!

ÉLISABETH.

Mais toi... toi... tu ne le tueras pas?...

EUGÈNE.

Je le tuerai... là... sous vos yeux, ma mère... si vous ne fuyez pas.

ÉLISABETH, *se relevant dans le plus grand désordre.*

Désespoir!... Eh bien, puisque tu es sourd à mes prières... insensible à mes larmes, je reste!... e reste pour le couvrir de mon corps... et quand ton bras furieux se lèvera sur lui, c'est moi... c'est le cœur de ta mère que tu frapperas !

EUGÈNE, *stupéfait.*

Oh! mon Dieu !... mon Dieu !... mais qu'a donc fait cet homme... cet homme qui se présente ici tout couvert du sang de mon père... et pour qui ma mère veut donner sa vie ?.... Ma mère, réponds-moi... mais qu'à donc fait cet homme? Quel est-il ?

ÉLISABETH.

Tu veux savoir qui il est ?... Tu aimes mieux cela que de tuer ta mère n'est-ce pas ?... Tu aimes mieux cela que de devenir parricide ?... Eh bien! cet homme...

EUGÈNE.

Achevez !...

ÉLISABETH.

C'est ton père !...

EUGÈNE, *terrifié.*

Mon père !... lui !...

ÉLISABETH, *d'une voix étranglée.*

Lui... le voilà ce secret que tu m'as arraché... c'est celui de mon crime... c'est celui de mon déshonneur !... Tu as voulu que la mère rougît devant son fils... Eh bien sois content... Je serais morte là, à tes pieds... si l'on pouvait mourir de honte !

EUGÈNE.

Oh! pardon... pardon!... car je suis votre fils moi... je ne suis pas votre juge : vous n'en pouviez avoir qu'un sur la terre... (*montrant la tombe.*) Et il est allé rejoindre celui du ciel...

ÉLISABETH.

Après m'avoir pardonné...

EUGÈNE.

Quoi!... il savait ?

ÉLISABETH, *pleurant.*

Il savait tout... et cependant il t'aimait d'un amour de père.

EUGÈNE, *pleurant aussi.*

Oh! je l'aimais tant, moi!... j'avais mérité d'être son fils...

SCÈNE XII.

LES MÊMES, NICOLAS.

NICOLAS, *rentrant les pistolets à la main.*

Notre homme me suit... voici les armes.

ÉLISABETH, *épouvantée.*

Oh! jamais !...

EUGÈNE.

Impossible... remporte ces armes.

NICOLAS.

Comment!... impossible! de quelle langue que c'est çà ?

EUGÈNE.

Tu sauras tout. (*Bas à sa mère.*) Ma mère, je

ne verserai pas le sang de celui qui m'a donné le jour... je le jure! à cette condition, promettez-vous de m'obéir comme vous auriez obéi à celui qui dort sous cette pierre ?...

ÉLISABETH.

Comme à lui.

NICOLAS, *à part.*

Voici notre homme...

EUGÈNE, *vivement.*

Cache ces armes... là... dans ce pavillon... va-t'en.

(*Nicolas entre dans le pavillon... Adrien arrive par la gauche.*)

SCÈNE XIII.

ÉLISABETH, EUGÈNE, ADRIEN.

ADRIEN *s'approche, le visage pâle, l'œil hagard, cherchant à lire sur la figure d'Eugène, et dit enfin d'une voix mal assurée :*

Vous avez desiré me parler, monsieur Eugène ?

EUGÈNE, *sans le regarder.*

Vous avez tué Jacques Raimbault, je le sais. Je vous dois le jour, je le sais encore. Cependant n'invoquez jamais le titre sacré de père...

ADRIEN.

Quoi ! votre cœur...

EUGÈNE.

Mon cœur me dit que vous avez tué celui qui seul est mon père ; et, en face de la tombe que vous avez creusée, tout ce sang, que je vous dois et que vous invoqueriez en vain, se soulève en moi contre vous.

ADRIEN.

Eugène...

EUGÈNE.

Nous ne vous dirons pas : Éloignez-vous !.. mais ma mère a promis de me suivre...

ADRIEN.

Vous !... partir !... c'est à moi de quitter ces lieux... et je pars !... Promettez-moi seulement de lire ce papier écrit et signé de la main de M. Raimbault. (*Eugène le prend.*) Vous y verrez que j'ai pu verser le sang... mais que je n'ai pas assassiné... Adieu... Eugène...

EUGÈNE.

Adieu, monsieur...

NICOLAS, *qui a paru à la porte du pavillon.*

Qu'est-ce que je viens d'entendre ?

ADRIEN *fait un mouvement pour s'approcher d'Eugène ; mais arrêté par la contenance froide et glacée du jeune homme qui reste debout près de sa mère assise, il fait un dernier effort et dit :*

Il le faut !...

(*Il entre rapidement dans le pavillon.*)

EUGÈNE, *qui a déployé le papier, le baise, en reconnaissant l'écriture de son père; ses yeux se remplissent de larmes, il essaie d'abord de lire, et puis il donne le papier à sa mère en disant :*

Lisez, ma mère.

ÉLISABETH *lisant.*

« Quel que soit le résultat de ce duel, je dé-

« clare ici que je l'ai provoqué ; que j'ai refusé
« toute excuse de la part de M. de Lestrelles,
« et que je n'ai pas voulu de témoins. Jacques
« Raimbault. »

ELGÈNE.

Ah ! c'était un duel...

ÉLISABETH.

Il n'a pas assassiné.

LUIDGINA , entrant.

Eh bien ! où donc est mon tuteur ?

(On entend un coup de pistolet dans le pavillon. Luidgina
et Élisabeth poussent un cri d'effroi.)

NICOLAS , s'approchant du pavillon.

Mort !

LUIDGINA.

Mort... qui donc ?

(Elle court à la porte , pousse un cri et tombe privée de
sentiment.)

EUGÈNE , à Élisabeth qui soutient Luidgina.

Ma mère , secourez votre fille.

FIN D'UN FILS.

Approuvé par le ministre de l'intérieur , le 20 octobre 1835.

Par autorisation du ministre, pour le chef de la division des Beaux-Arts.

Le chef du bureau des théâtres ,

Signé J. DE WAILLY

PARIS. — IMPRIMERIE NORMALE DE JULES DIDOT L'AINÉ ,
n° 4 , boulevart d'Enfer.